Willkommen in einer Welt der Gelassenheit und Kreativität!

Dieses entspannende Mandala-Notizbuch soll Sie auf eine Reise der Ruhe und Konzentration einladen. Wenn Sie diese Seiten öffnen, tauchen Sie in ein Universum aus Mustern und Formen ein, in dem jede Linie und Kurve mit Ihren Farben zum Leben erweckt werden kann.

Dieses Notizbuch ist perfekt für Erwachsene und Kinder und bietet ein Malerlebnis, das den Geist beruhigt und die Kreativität freisetzt. Jedes Mandala ist eine Gelegenheit, ein einzigartiges und persönliches Kunstwerk zu schaffen und einfache Linien in wunderschöne Kompositionen voller Leben und Farbe zu verwandeln.

Wagen Sie es, jedes Mandala zu erkunden und auszumalen, genießen Sie den Prozess und finden Sie mit jedem Strich Ruhe.

Lassen Sie Ihrer Kreativität freien Lauf und verwandeln Sie diese Designs in wahre Juwelen der Gelassenheit und Schönheit!

 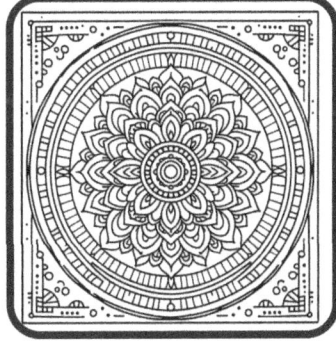 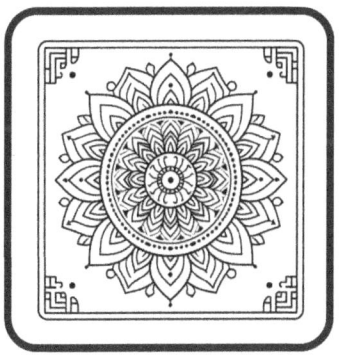

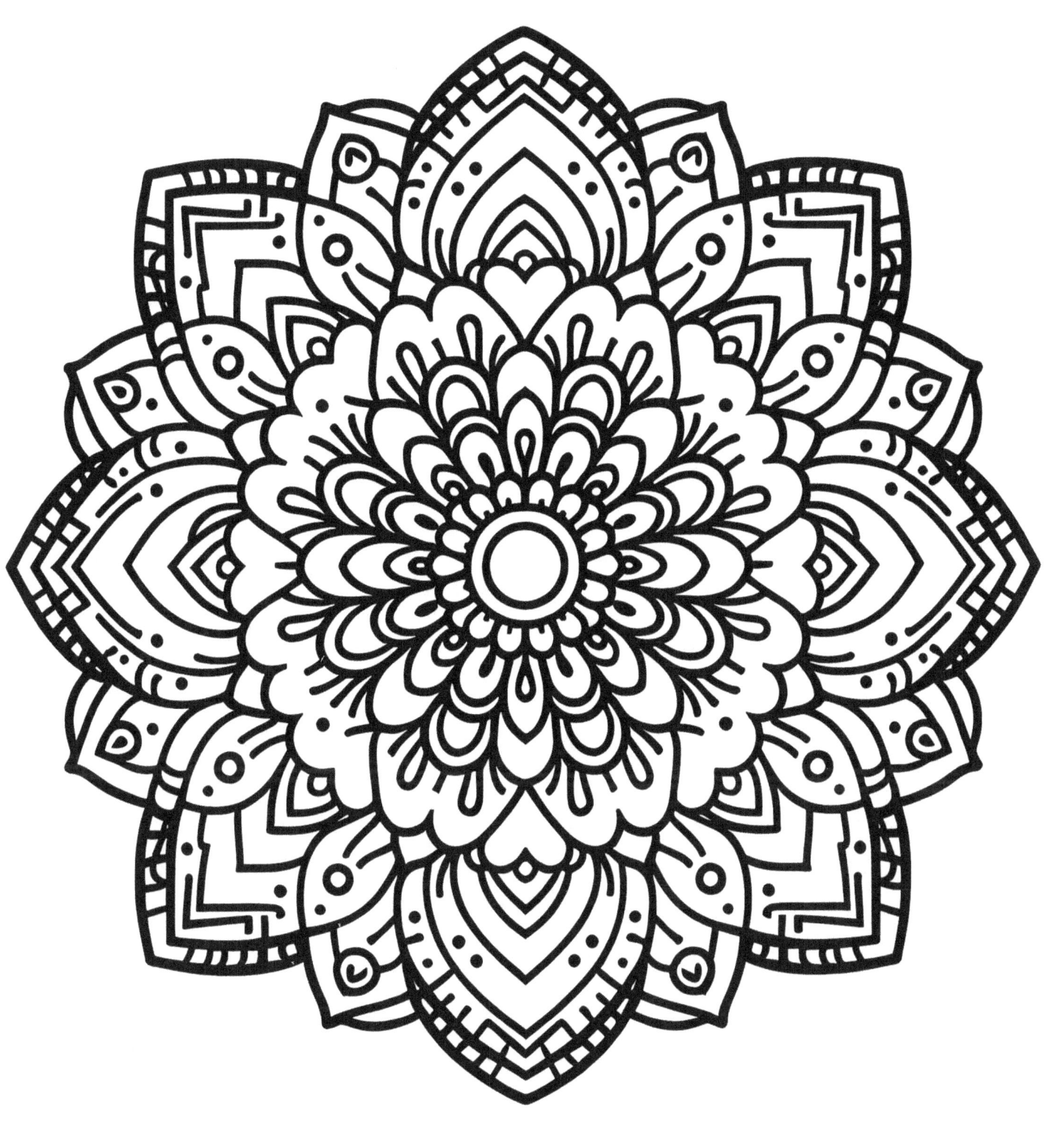

Das Ausmalen von Mandalas ist eine Reise zur inneren Ruhe, bei der uns jeder Strich mit unserem Wesen verbindet und uns ermöglicht, im Chaos des Alltags Frieden zu finden.

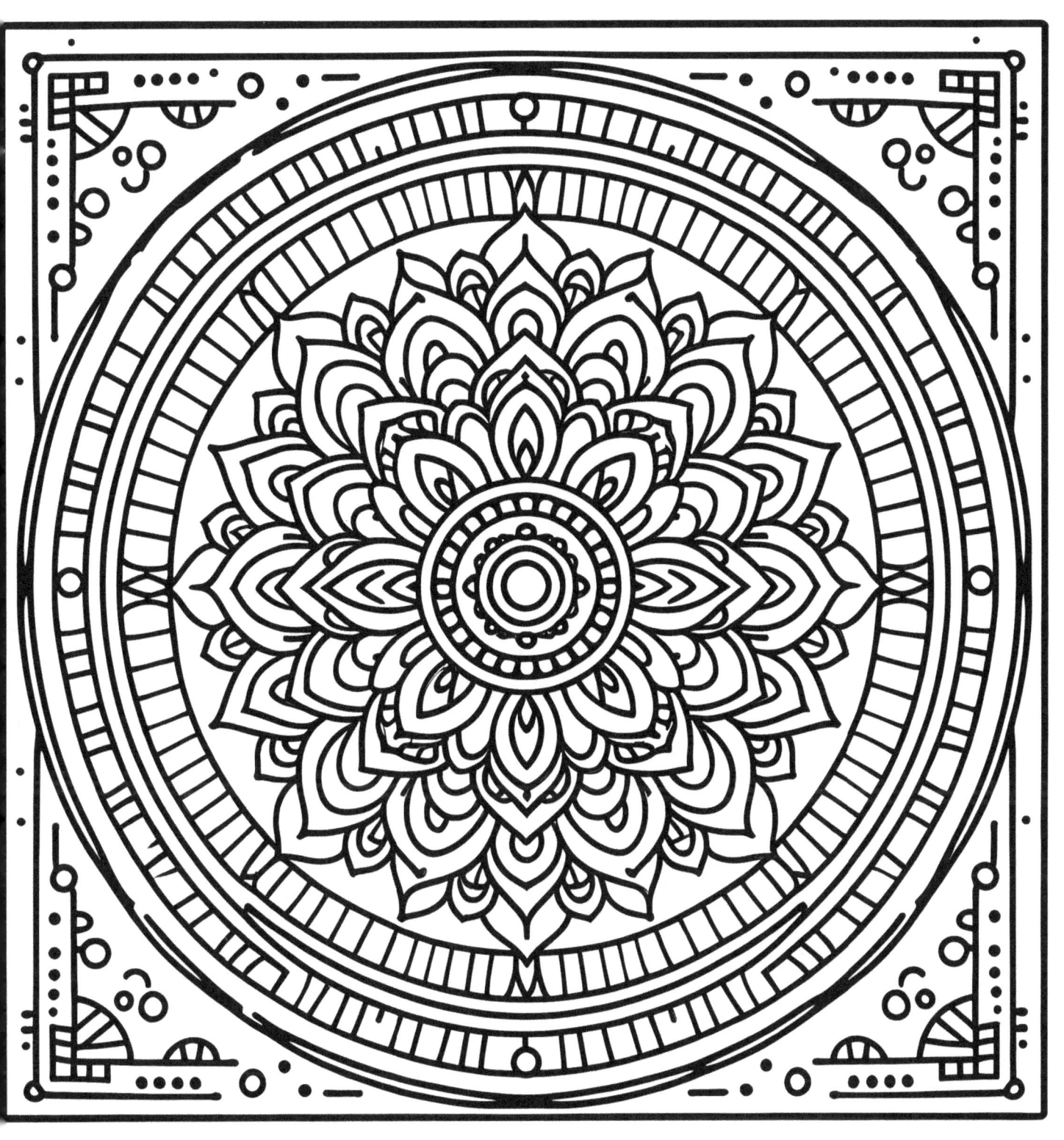

Jedes Mandala, das Sie ausmalen, ist eine Manifestation Ihres inneren Wesens, eine Widerspiegelung Ihrer Kreativität und eine Einladung, Ausgeglichenheit und Gelassenheit zu finden.

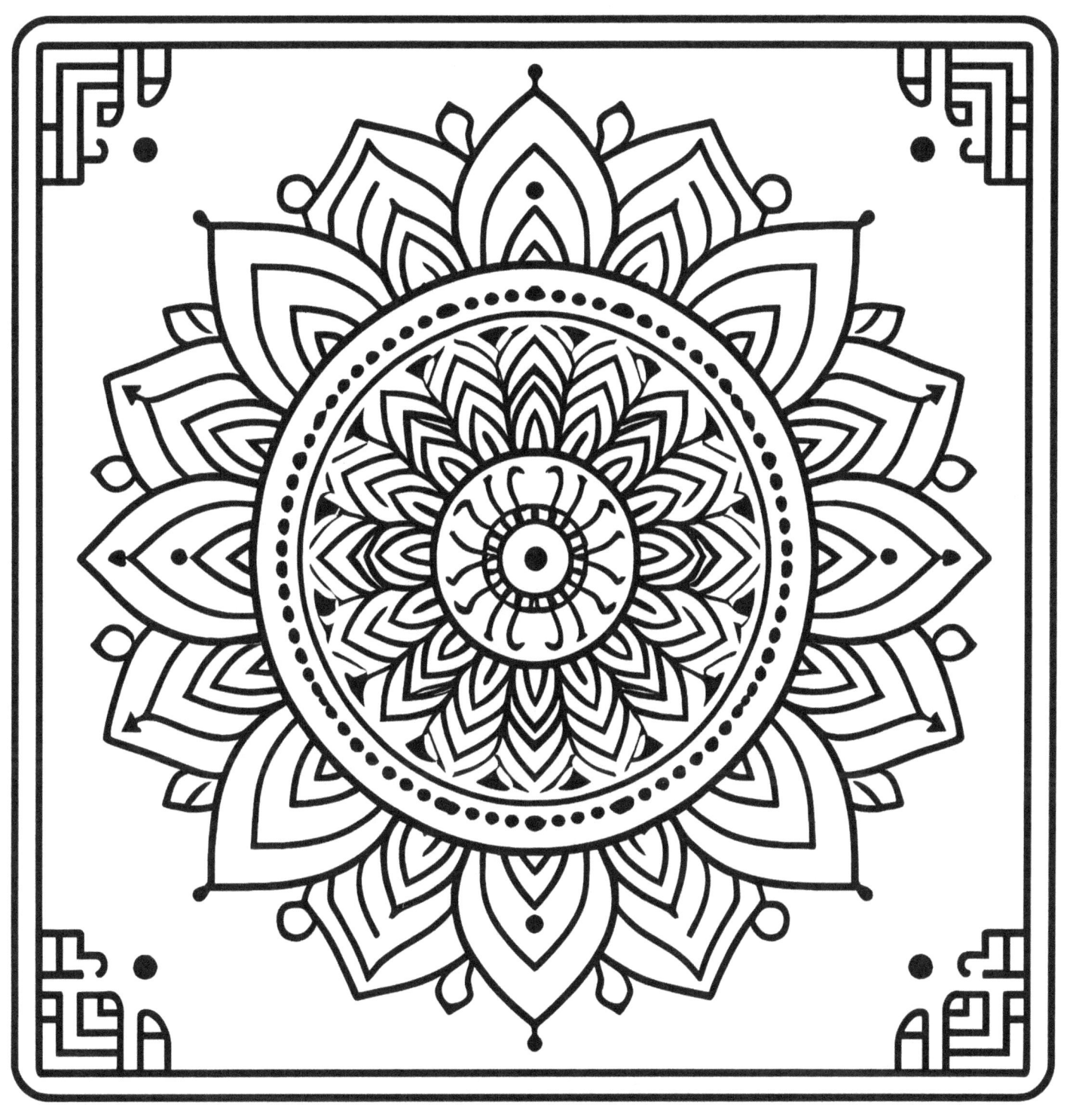

Indem Sie ein Mandala mit Farbe füllen, weben Sie einen Wandteppich der Ruhe, der es Ihrem Geist ermöglicht, frei zu werden und Ihrer Seele, Ruhe zu finden.

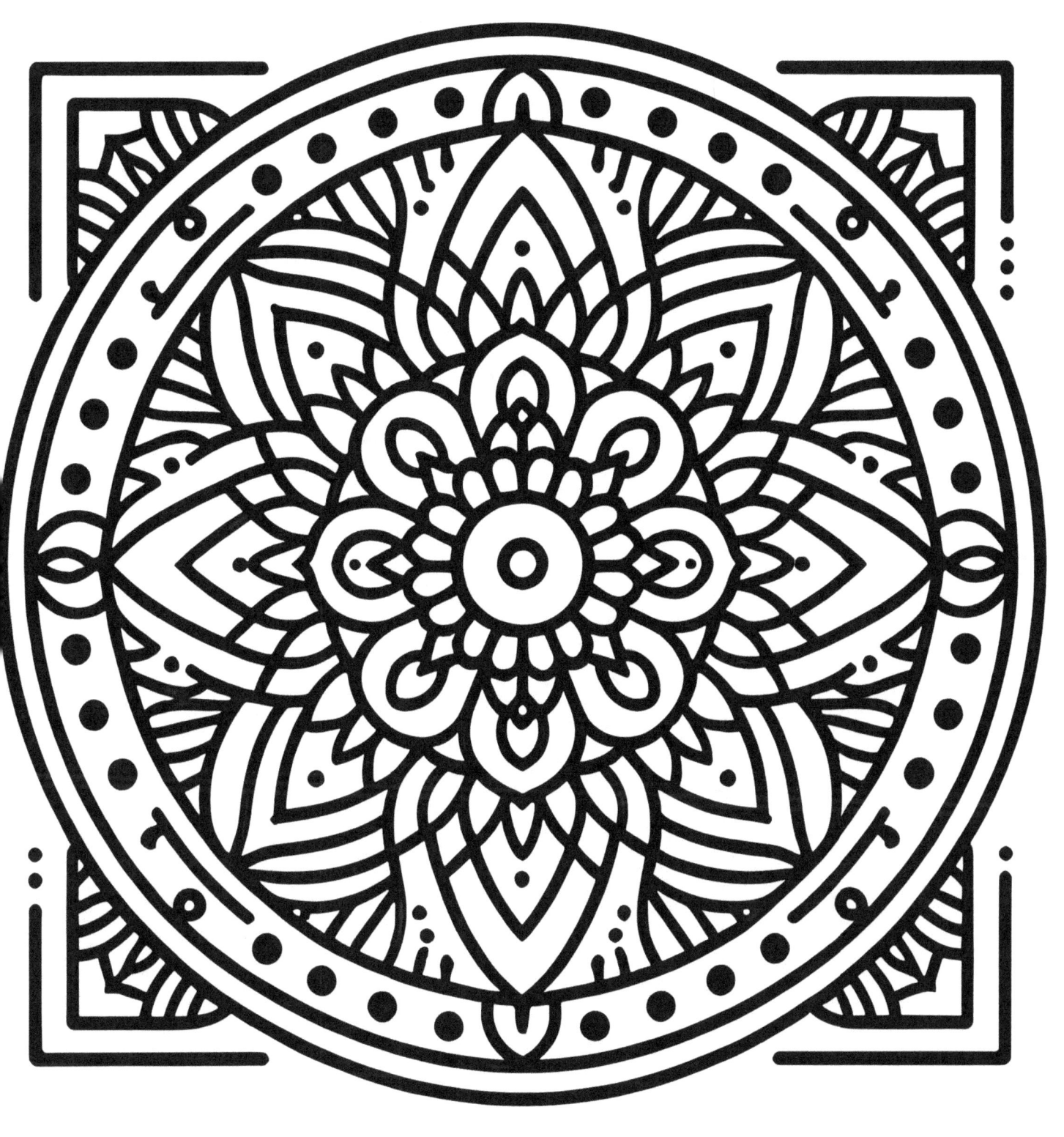

Mandalas sind Fenster zu unserer inneren Welt. jedes Design ist eine Erinnerung an die Harmonie und Schönheit. die in uns wohnt.

Sich die Zeit zu nehmen, ein Mandala auszumalen, ist ein Akt der Selbstfürsorge, eine Möglichkeit, unsere Seele zu nähren und im Hier und Jetzt Frieden zu finden.

Jedes Mandala ist ein Miniaturuniversum, ein Raum, in dem Chaos in Ordnung verwandelt wird und der Geist seinen Mittelpunkt findet.

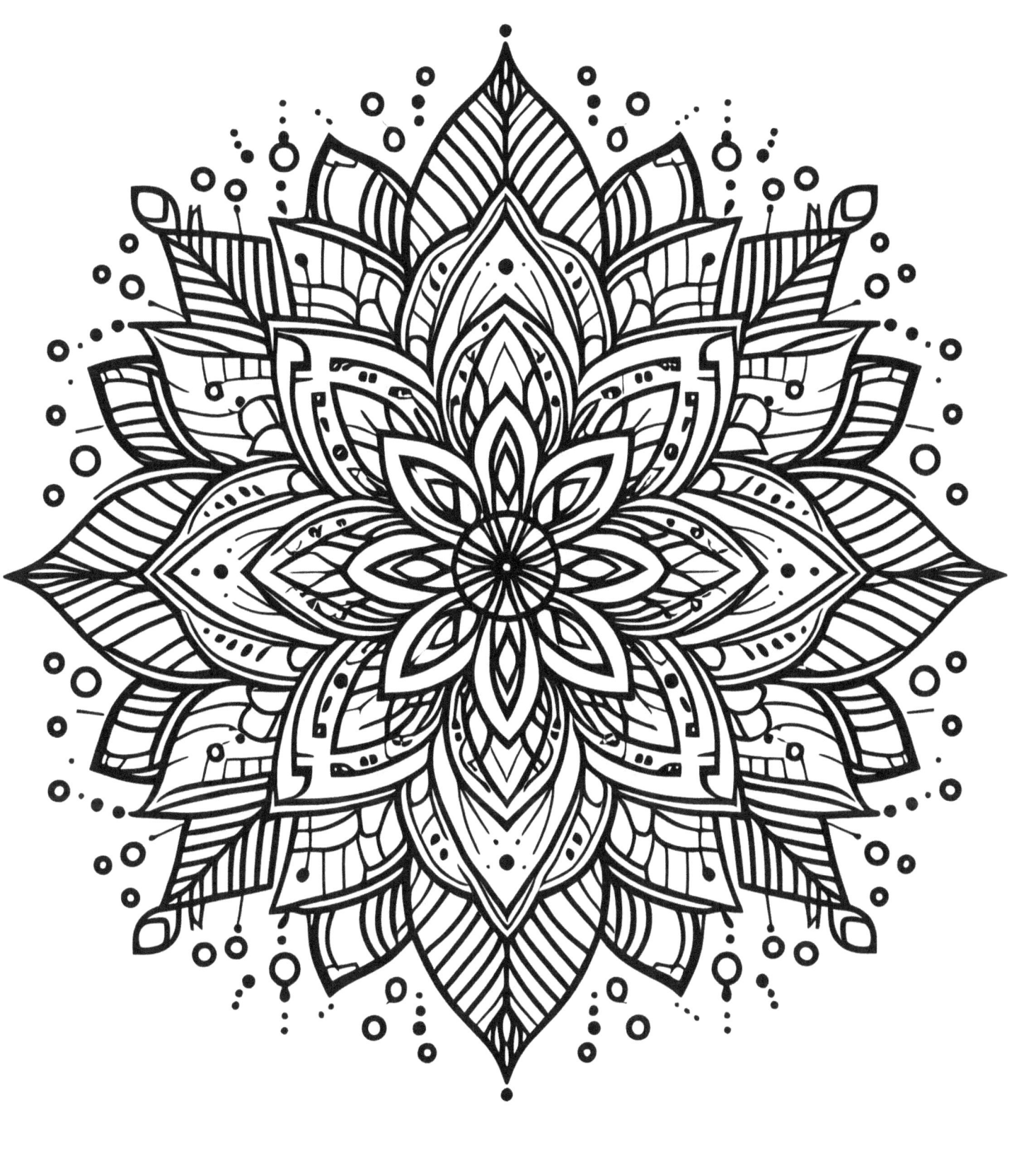

Durch das Ausmalen von Mandalas lernen wir, die Schönheit der Einfachheit zu schätzen, in jedem Detail Ruhe zu finden und den kreativen Prozess zu genießen.

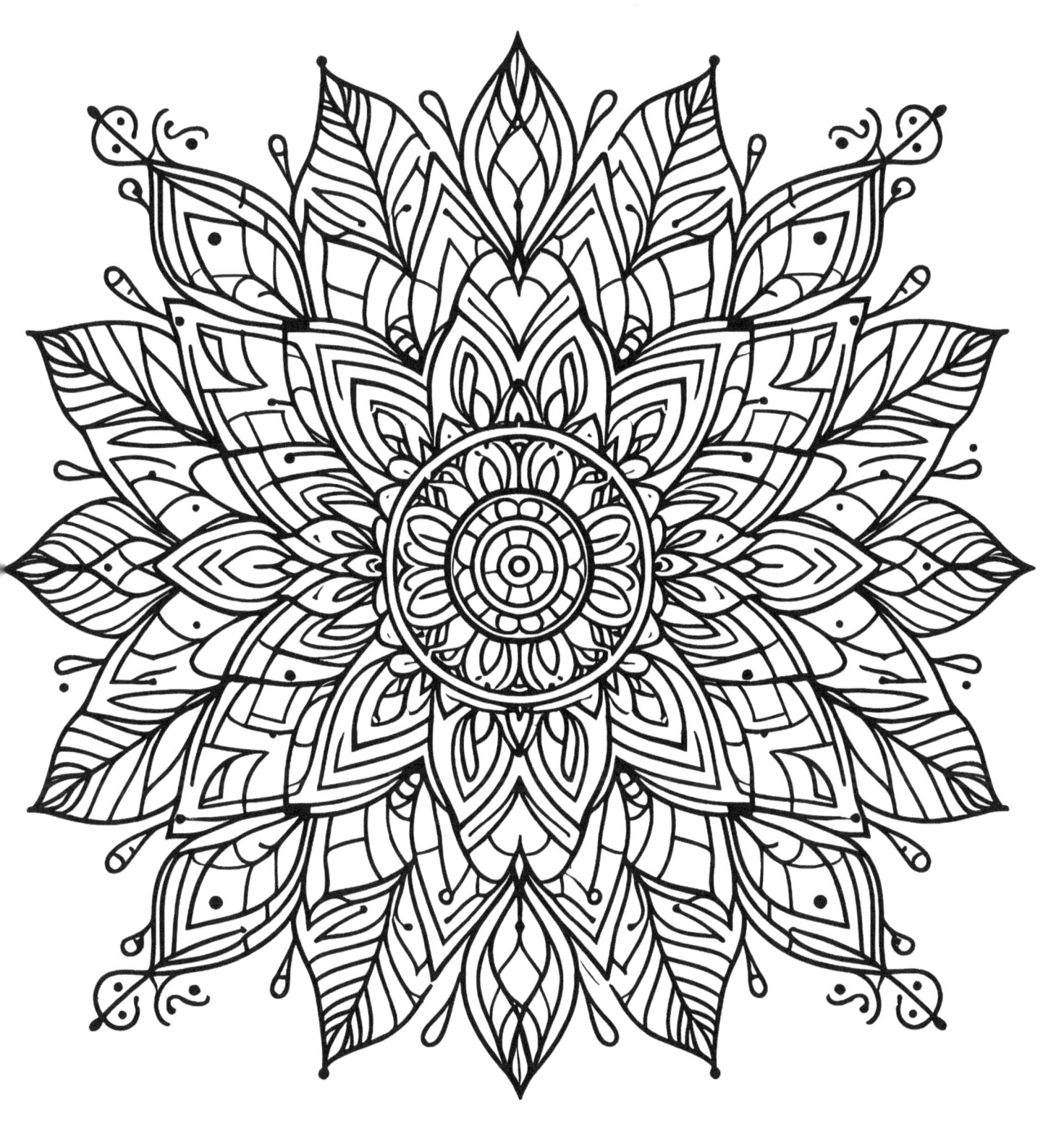

Mandalas sind heilige Kreise, die uns zu einer Reise der Selbstfindung einladen und unsere Fähigkeit zum Schaffen und Heilen offenbaren.

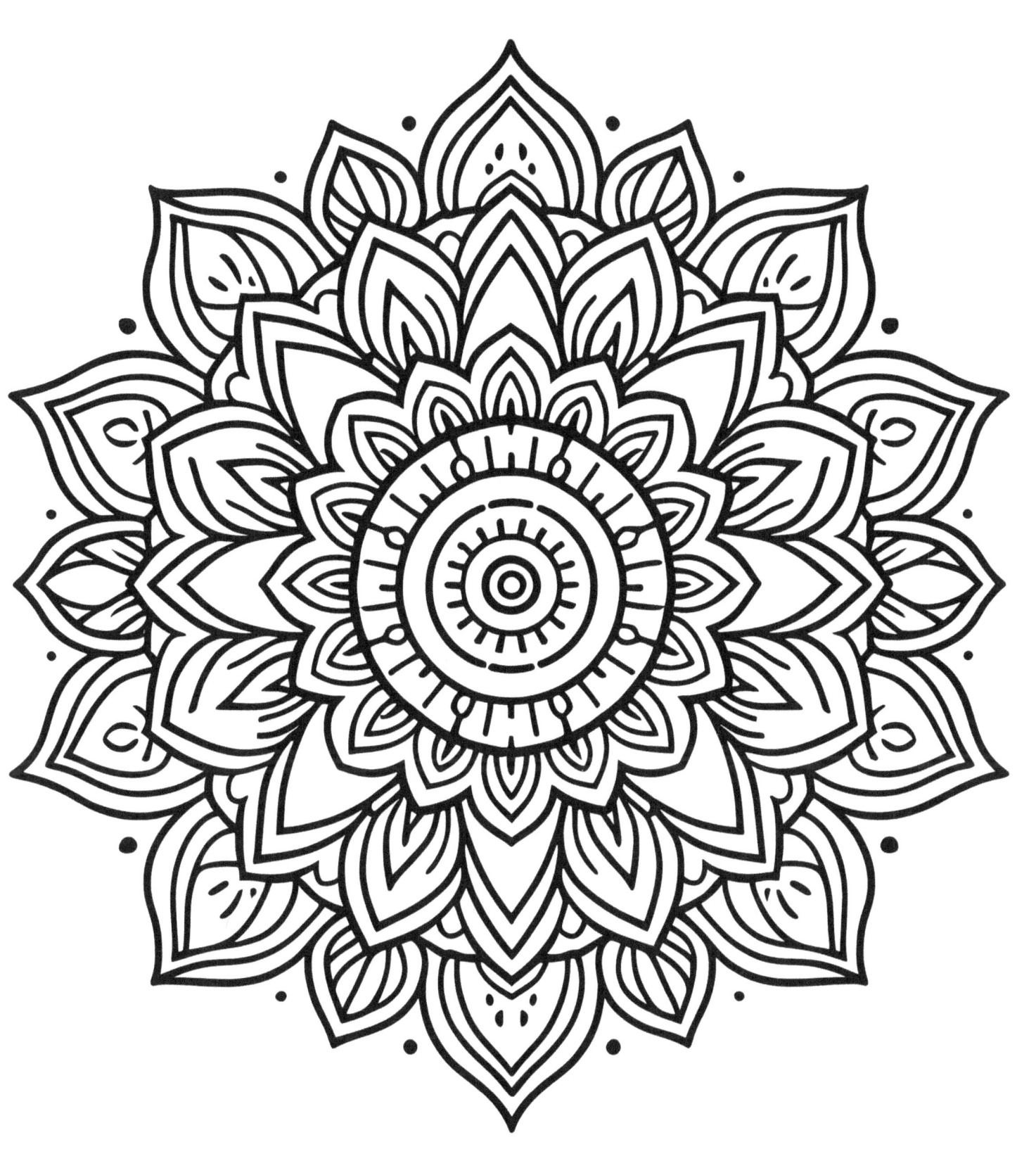

Im Zentrum jedes Mandalas finden wir einen Punkt der Stille, eine Erinnerung an die Ruhe, die in uns wohnt.

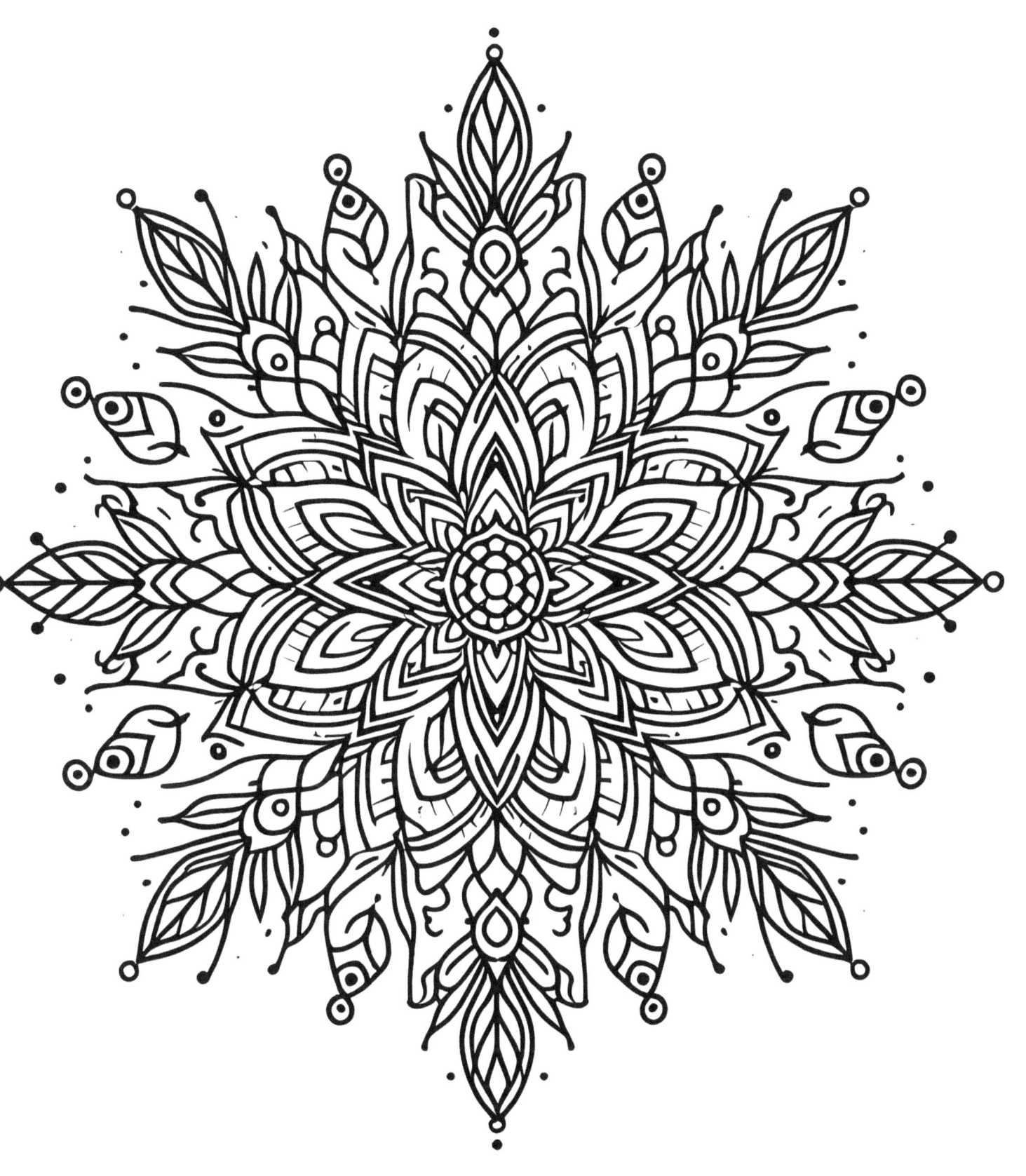

Das Ausmalen von Mandalas ist eine aktive Meditation, eine Übung, die uns hilft, uns vom äußeren Lärm abzukoppeln und uns mit unserem tiefsten Wesen zu verbinden.

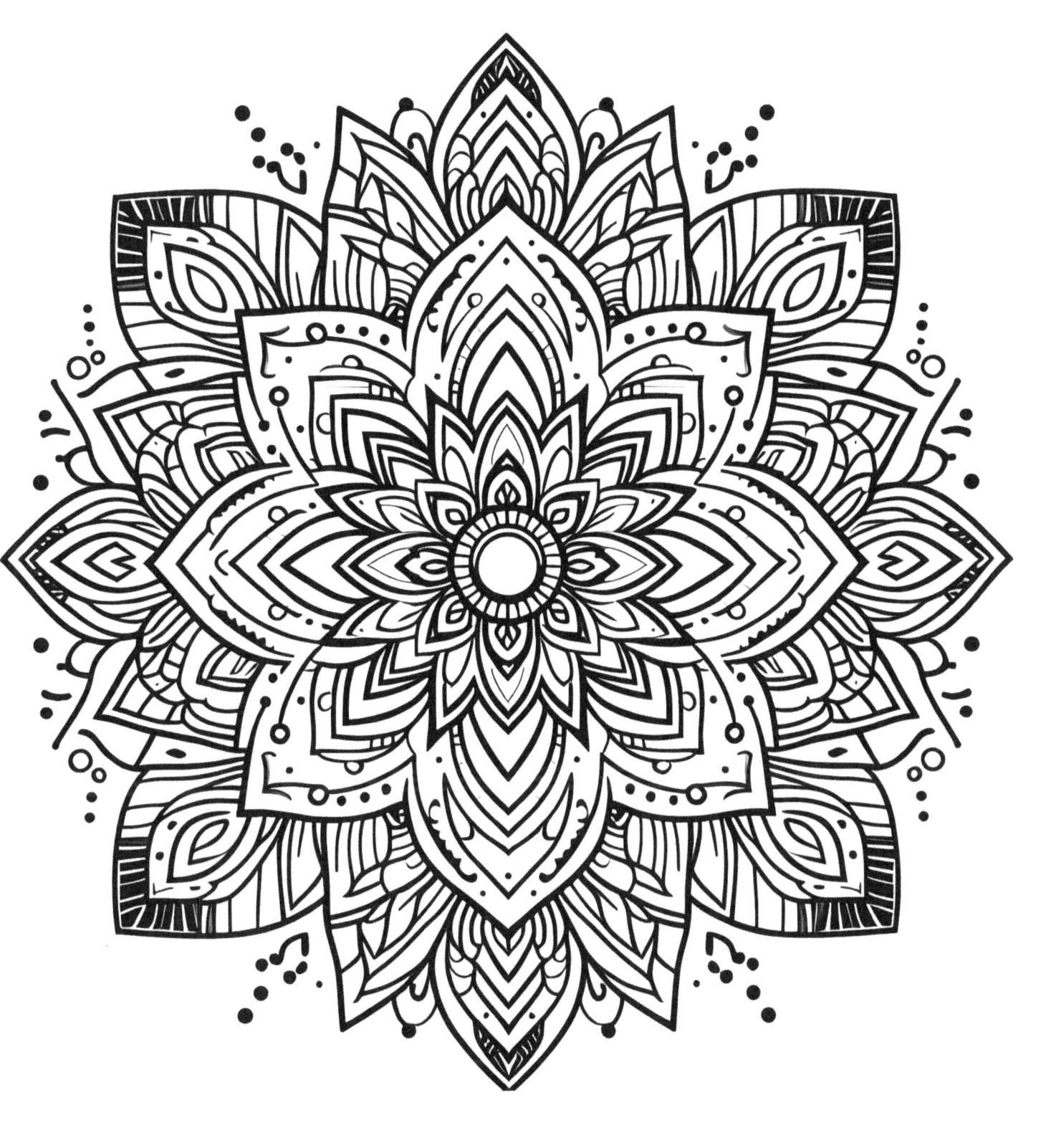

Mandalas sind ein Spiegel unserer Seele. Jede Farbe und jede Form spiegelt unsere Suche nach Harmonie und Ausgeglichenheit wider.

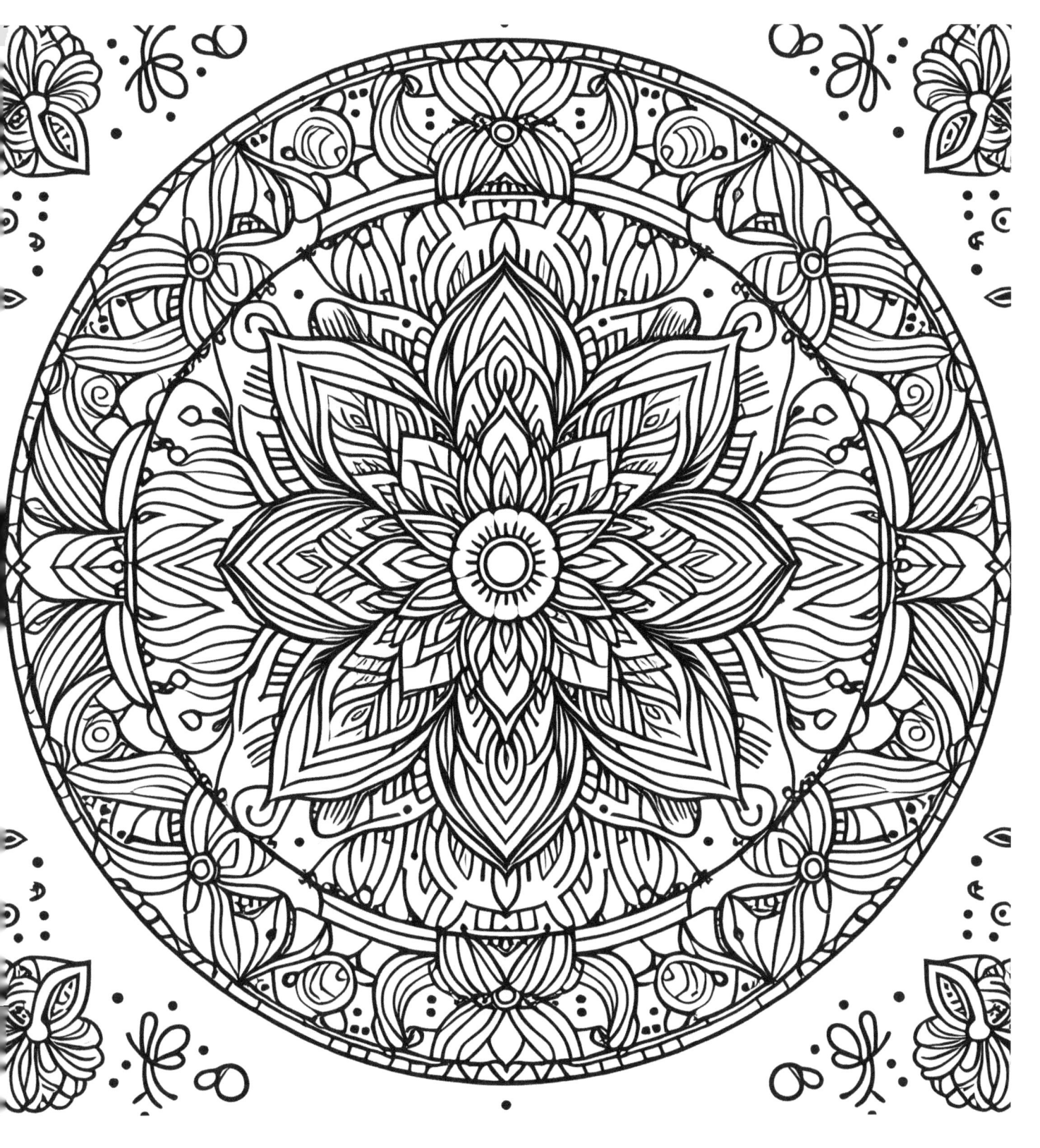

Durch Mandalas finden wir einen sicheren Raum, um unserer Kreativität freien Lauf zu lassen, Stress abzubauen und Ruhe zu finden.

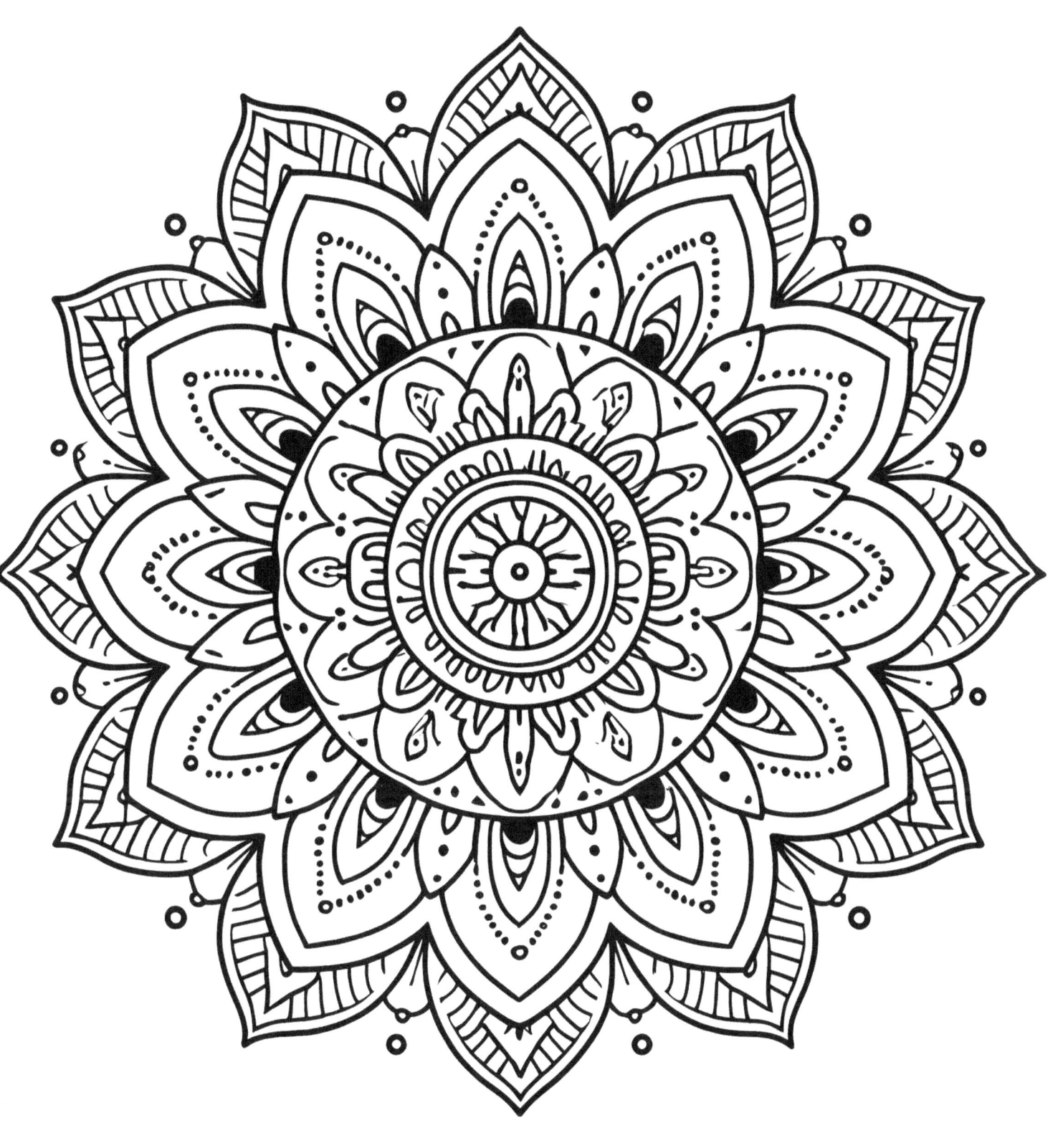

Das Ausmalen von Mandalas ist eine therapeutische Kunstform, eine Möglichkeit, Spannungen abzubauen und durch die Wiederholung von Mustern Ruhe zu finden.

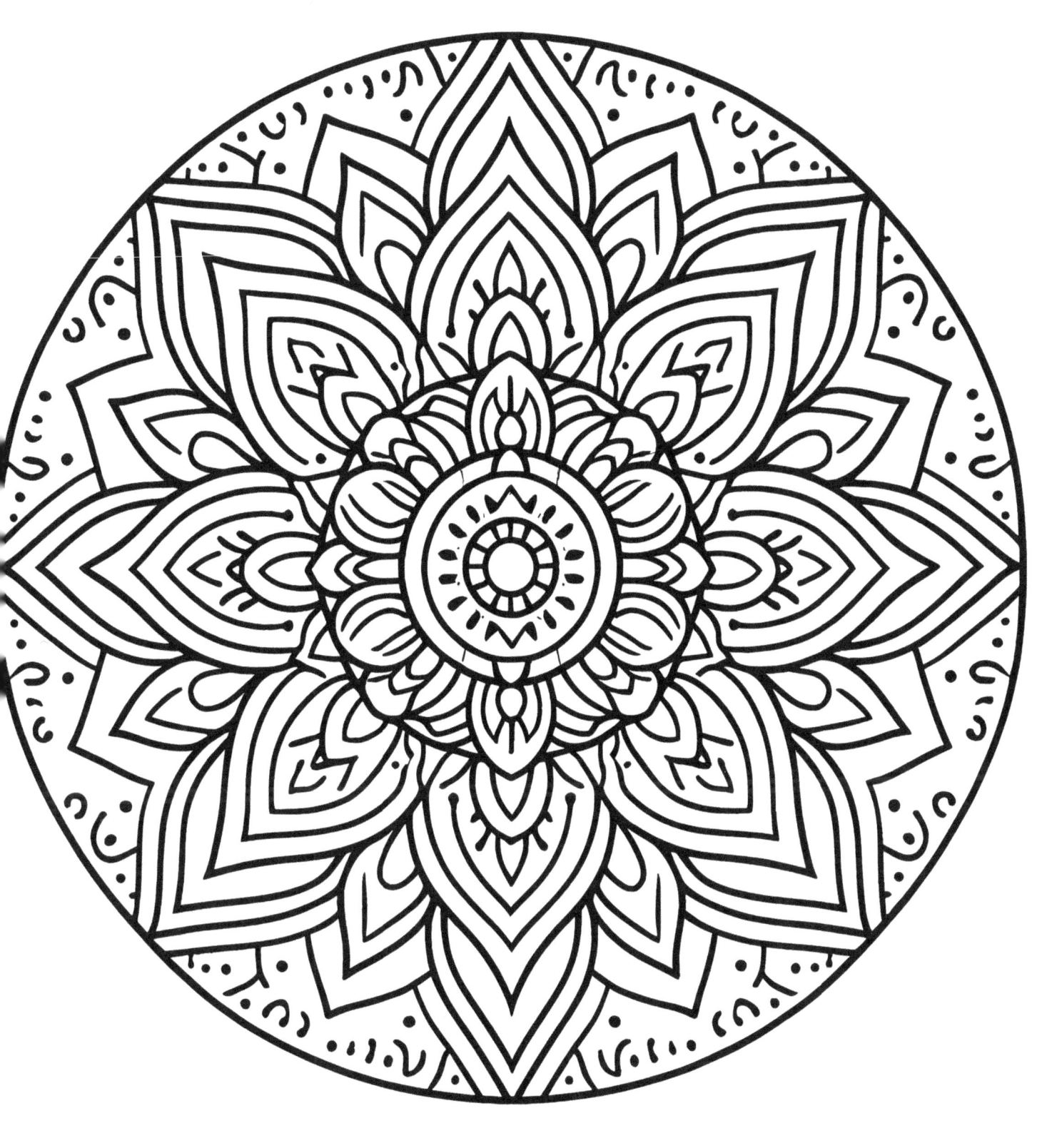

Jedes Mandala ist ein Kreis der Transformation, ein Symbol für die Verbindung zwischen unserem Geist, Körper und unserer Seele.

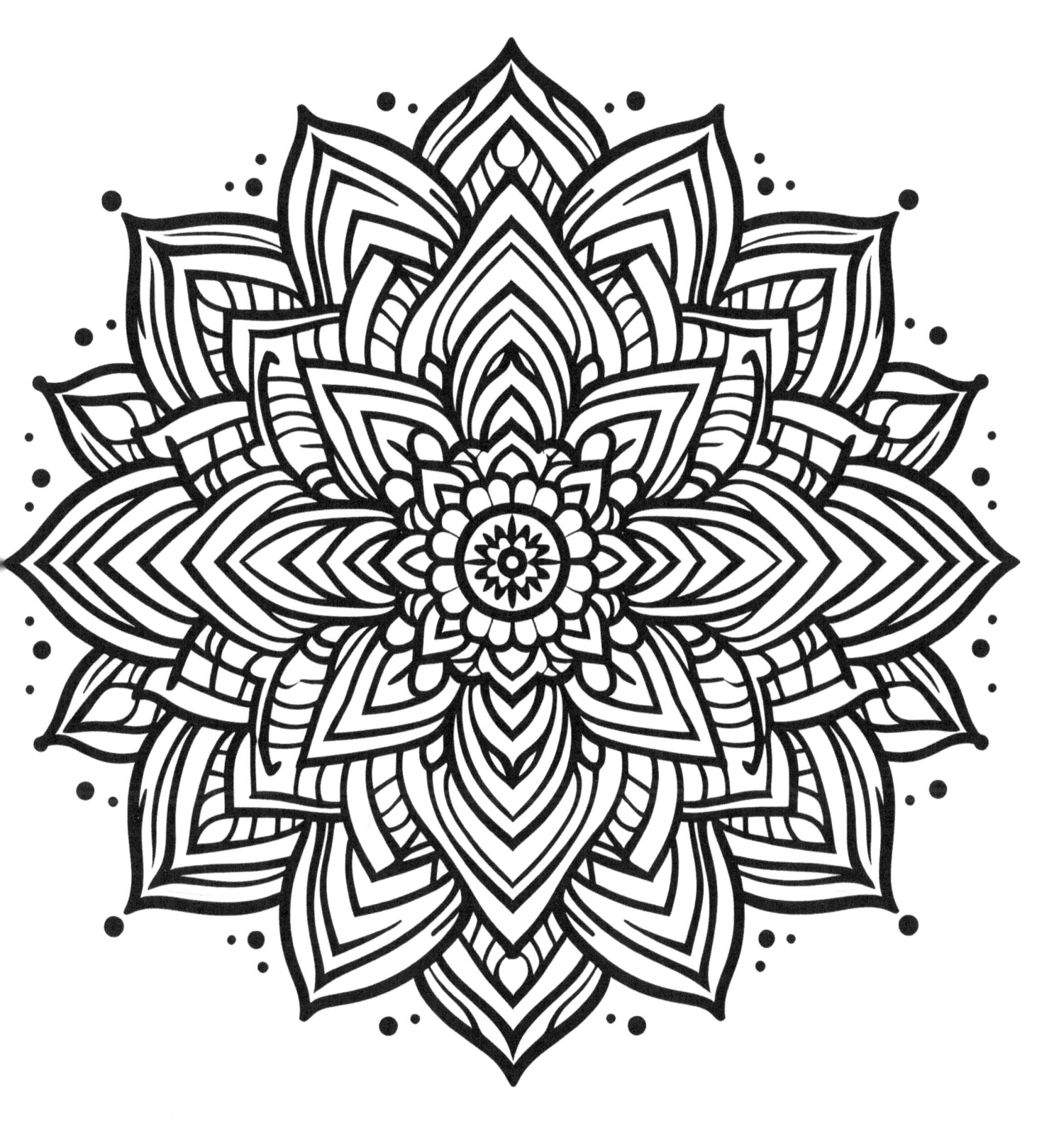

Mandalas lehren uns, dem kreativen Prozess zu vertrauen, die Kontrolle loszulassen und Schönheit auf natürliche Weise entstehen zu lassen.

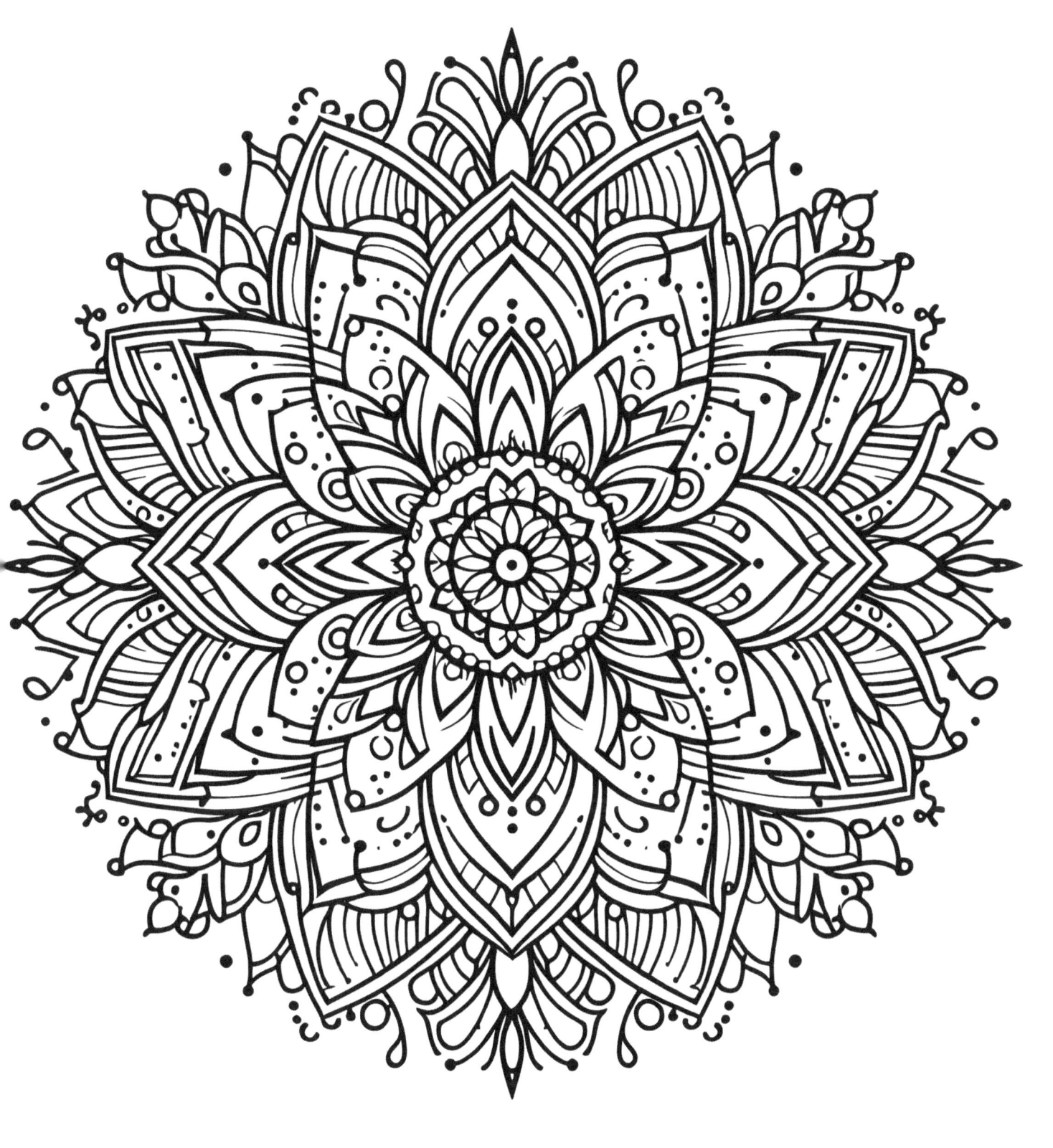

Indem wir Mandalas ausmalen, finden wir eine Oase der Ruhe, einen Ort, an dem unser Geist ruhen und unser Herz heilen kann.

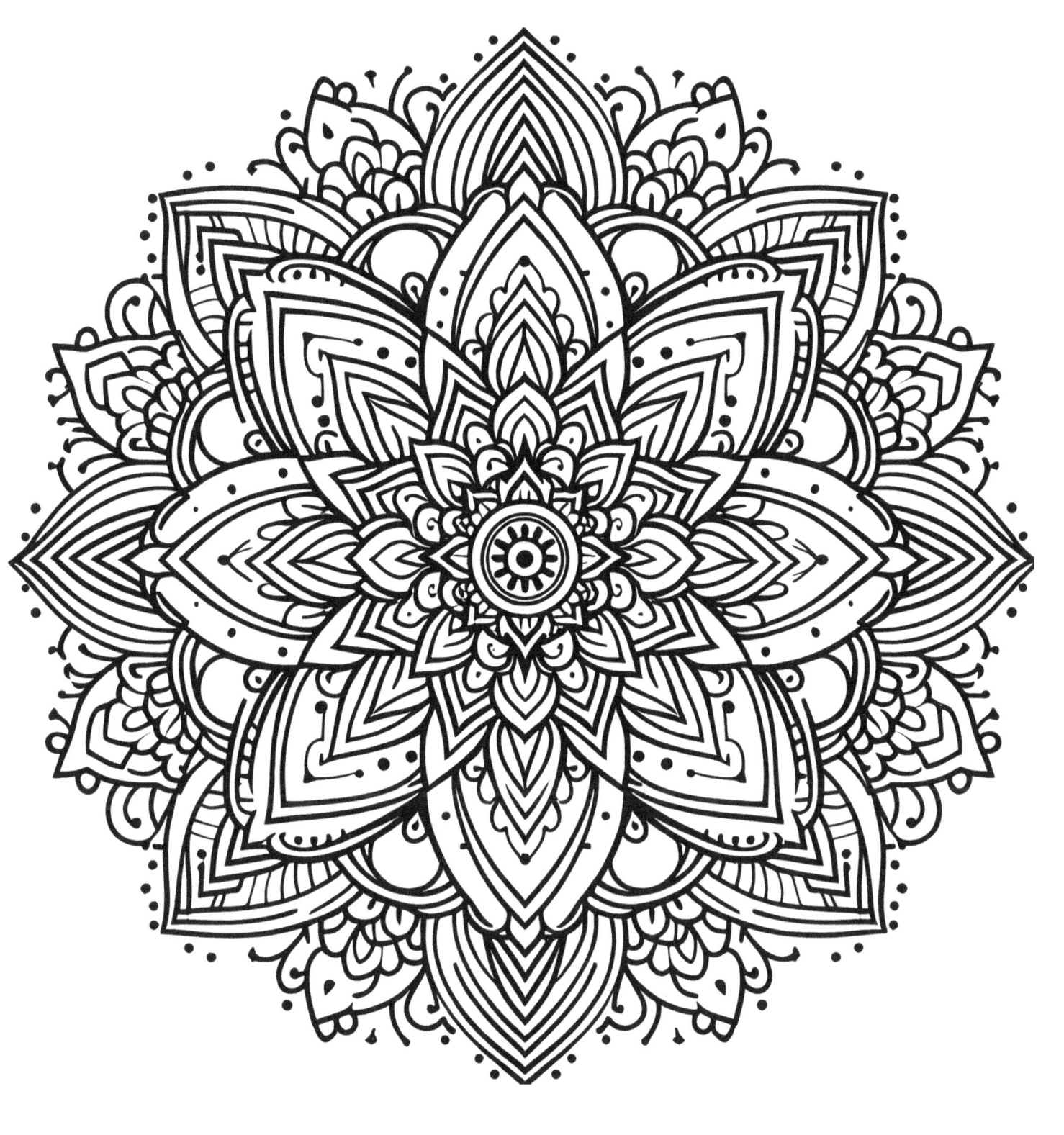

Mandalas sind eine Einladung zur Selbstbeobachtung und eine Erinnerung daran, dass wahrer Frieden in uns selbst zu finden ist.

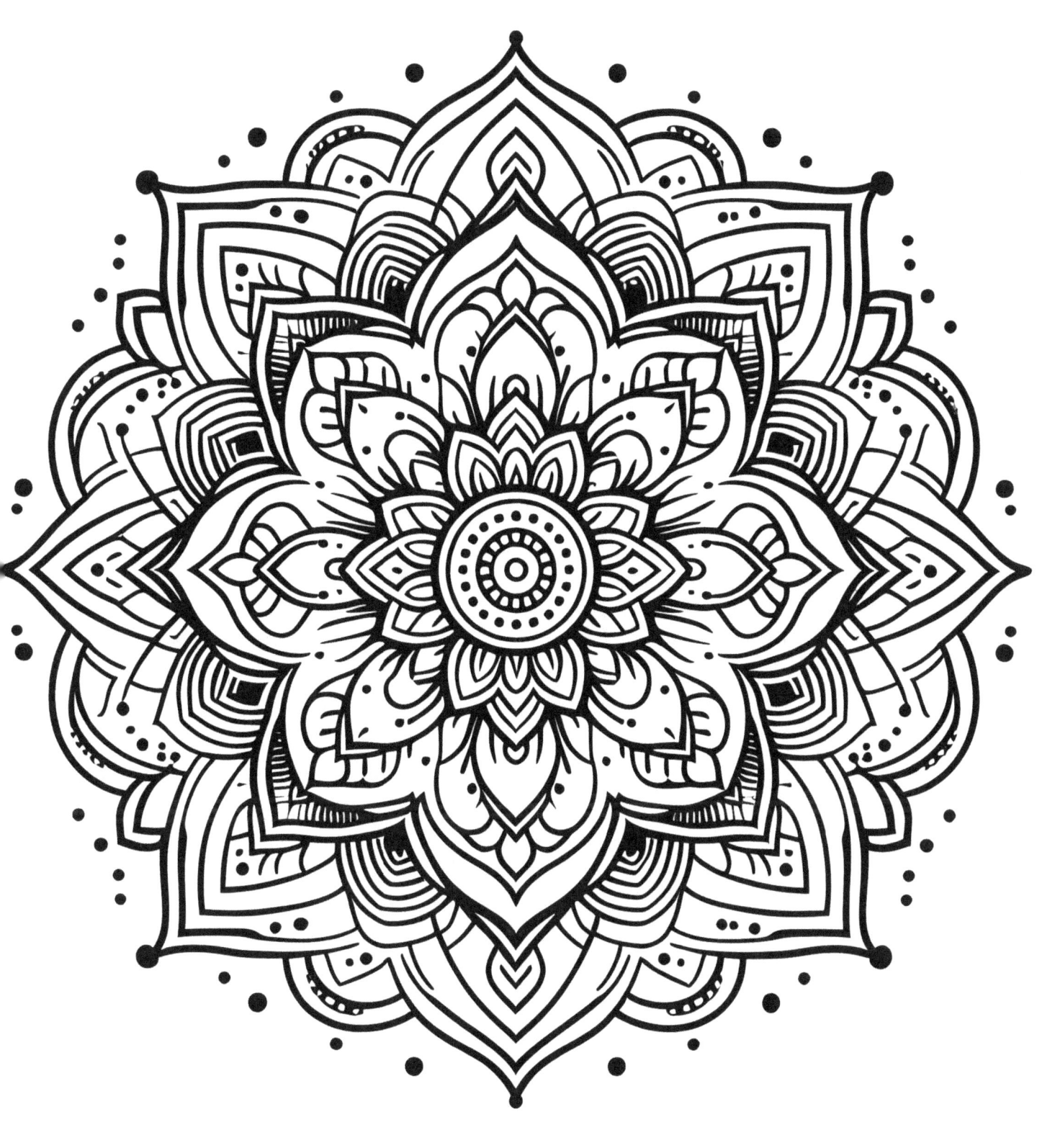

Das Ausmalen von Mandalas ermöglicht es uns, innezuhalten und den gegenwärtigen Moment zu genießen, in jedem Strich Schönheit und in jeder Farbe Freude zu finden.

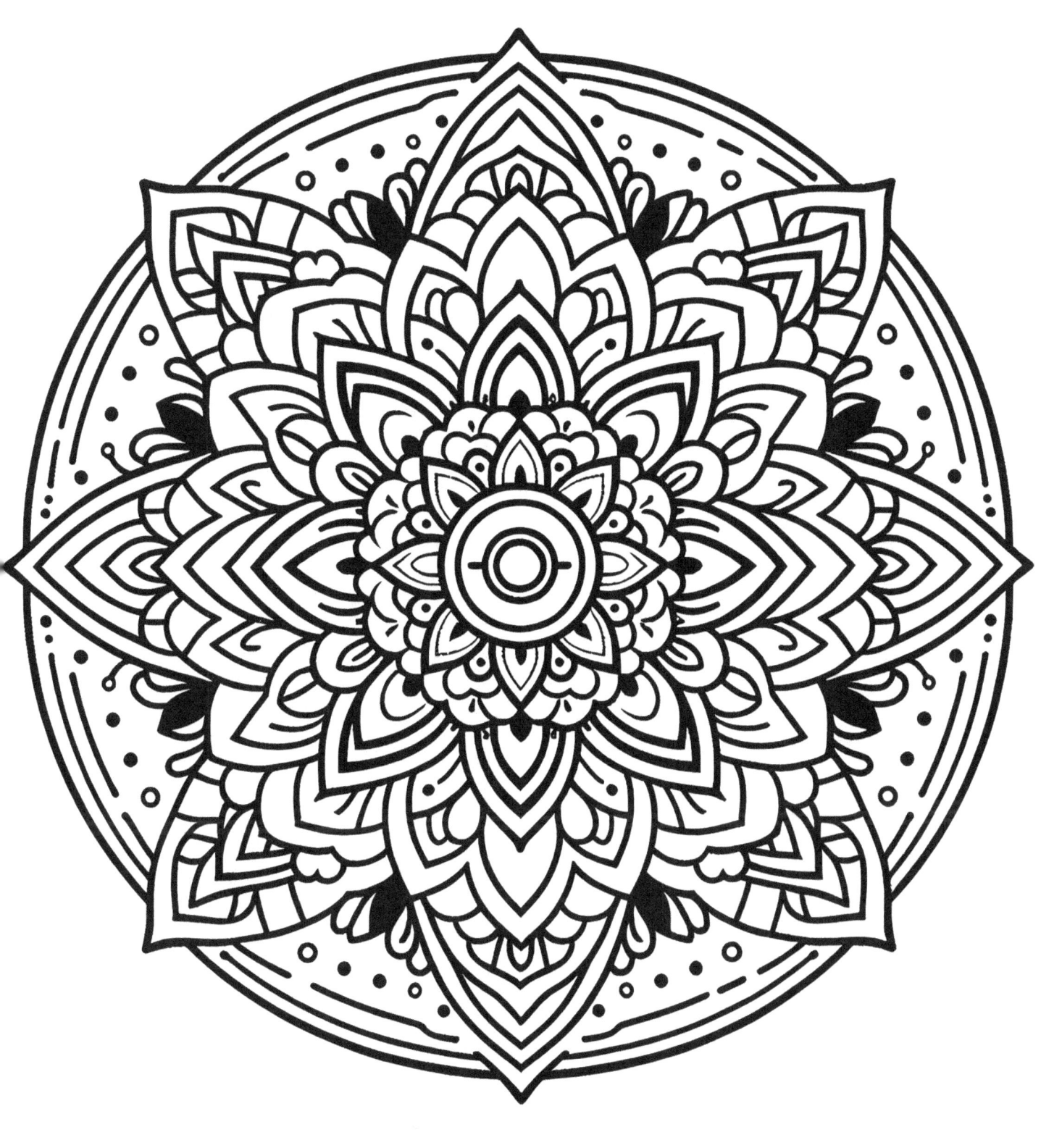

Mandalas sind ein wirkungsvolles Mittel zur Selbsterkenntnis. Jedes Motiv begleitet uns auf einer Reise hin zum Verständnis und zur Akzeptanz unserer selbst.

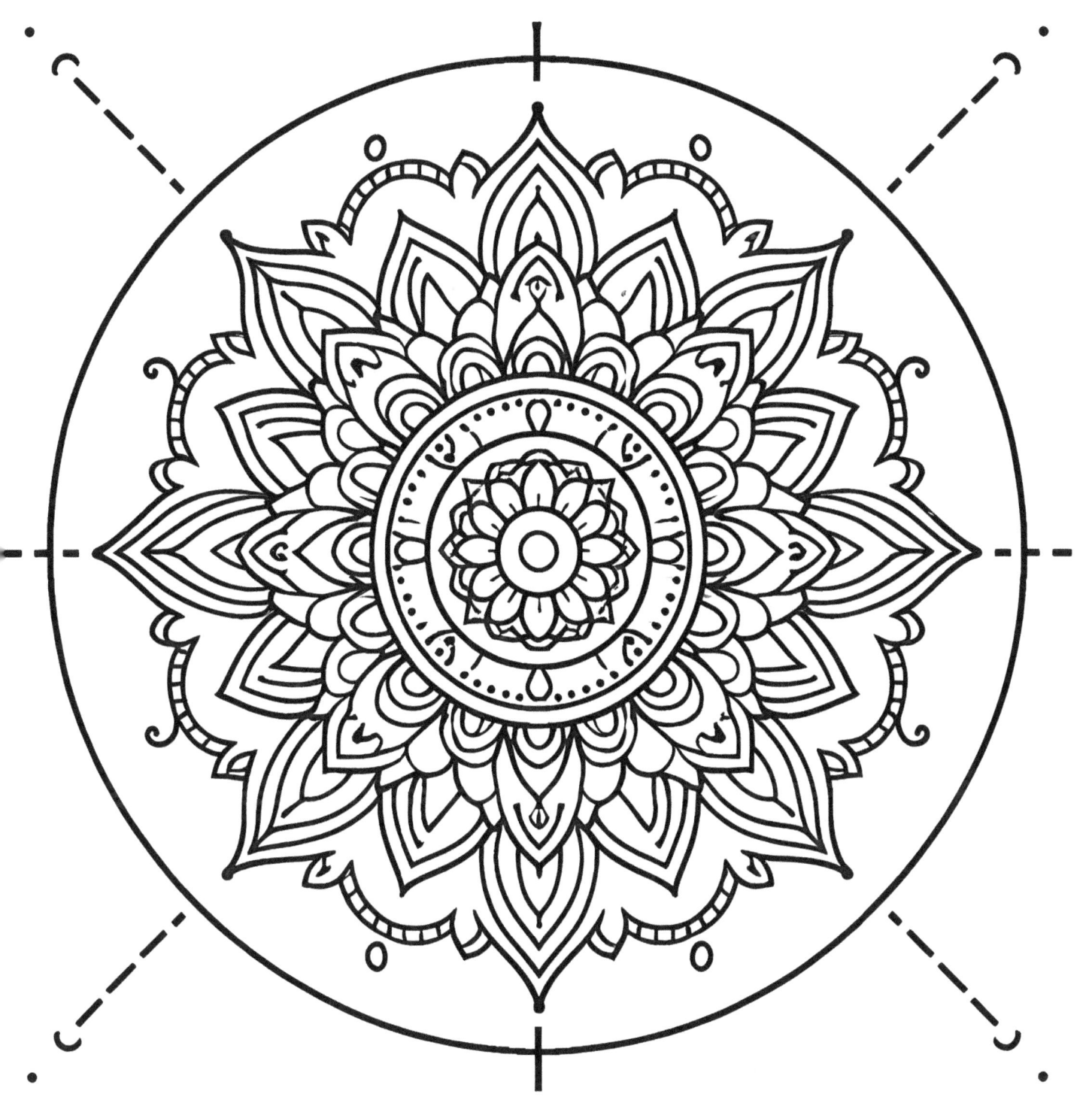

Beim Ausmalen von Mandalas entdecken wir die Magie, die ein einfaches Design in ein Kunstwerk voller Bedeutung und Frieden verwandelt.

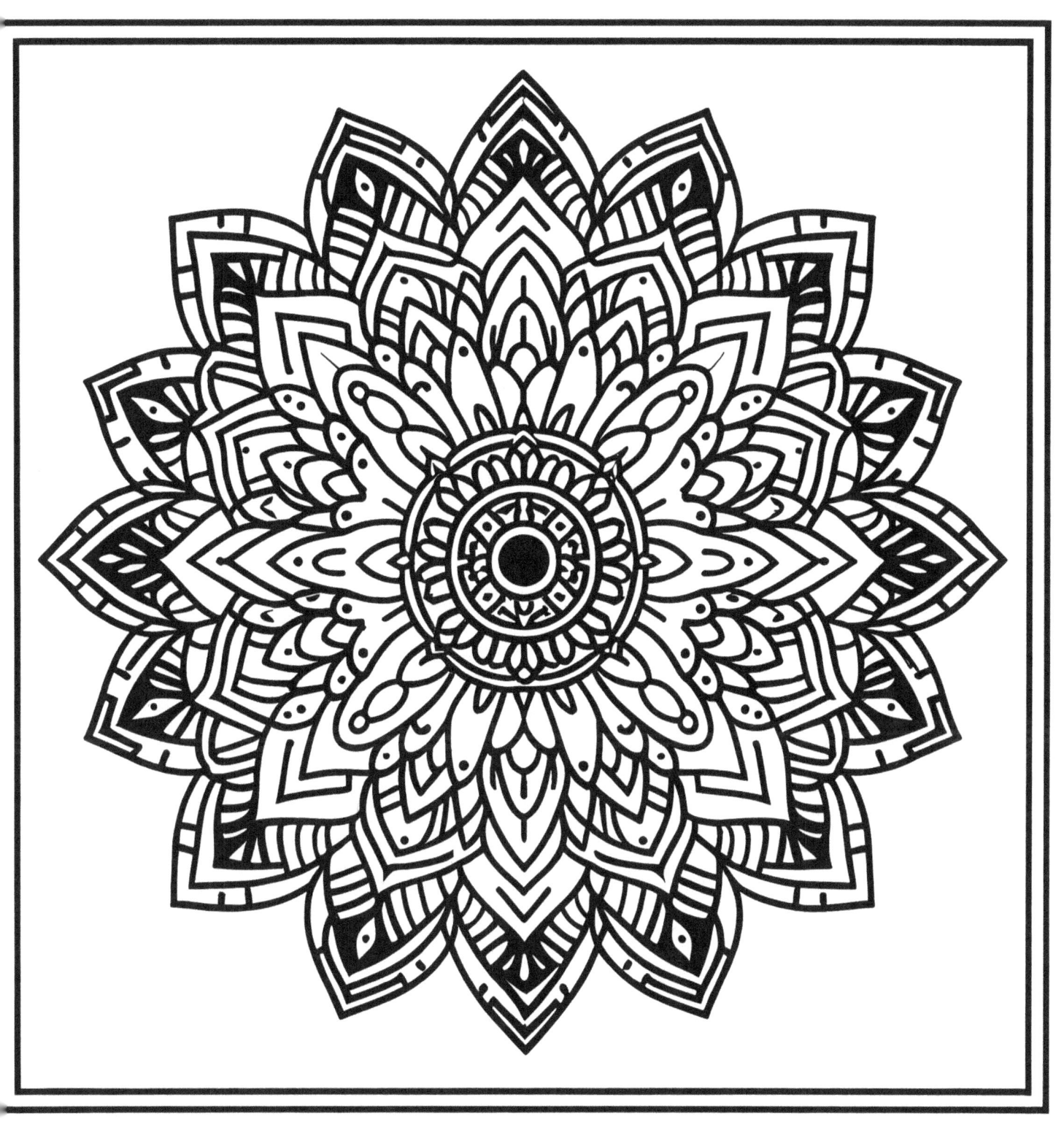

Das Ausmalen von Mandalas ist wie das Malen unserer Seele. Jede Farbe und Form offenbart die Gelassenheit und Ausgeglichenheit, die wir suchen.

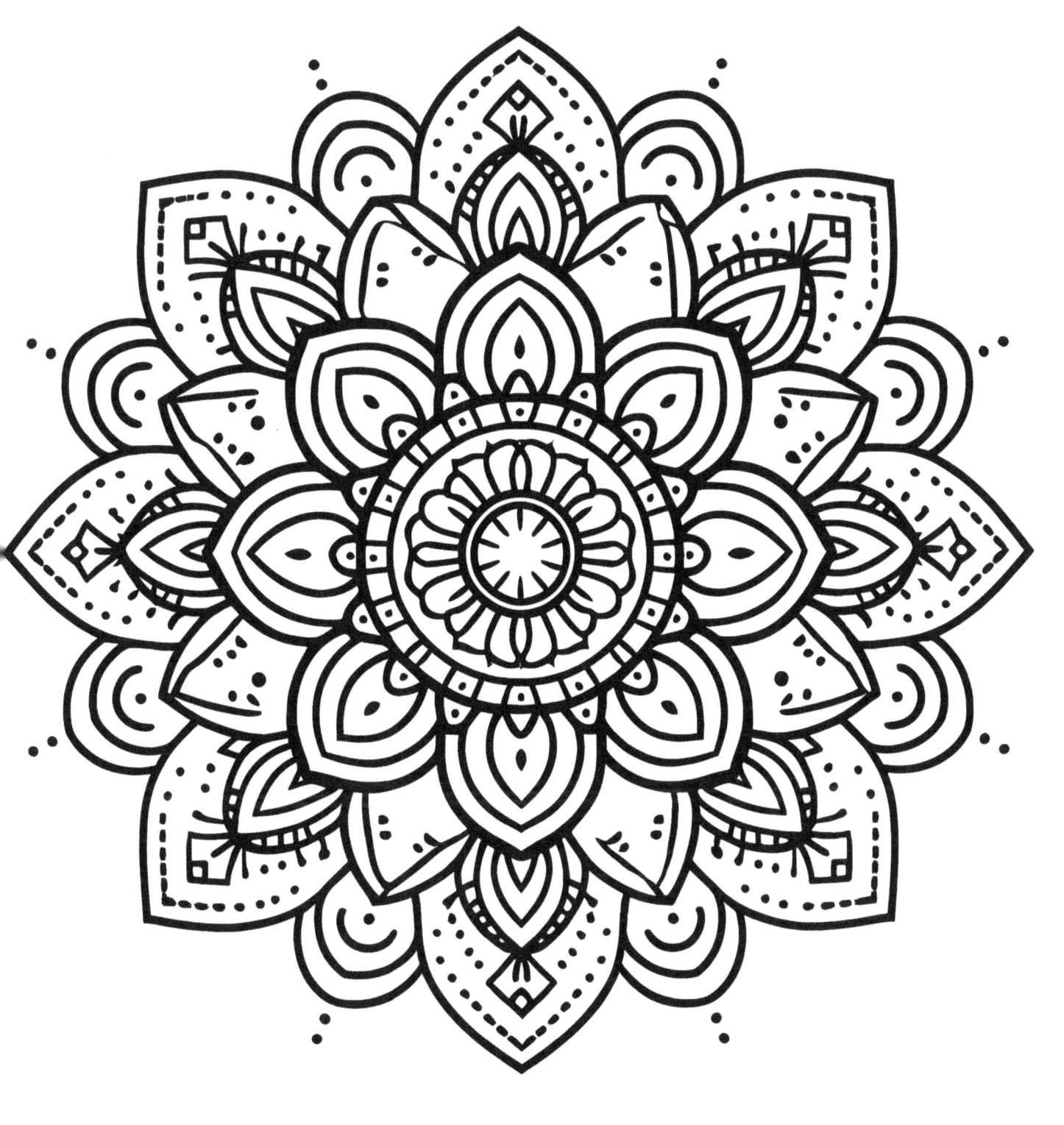

Jedes Mandala ist ein Portal zum inneren Frieden, eine Erinnerung daran, dass wir in der Einfachheit die tiefste Ruhe finden.

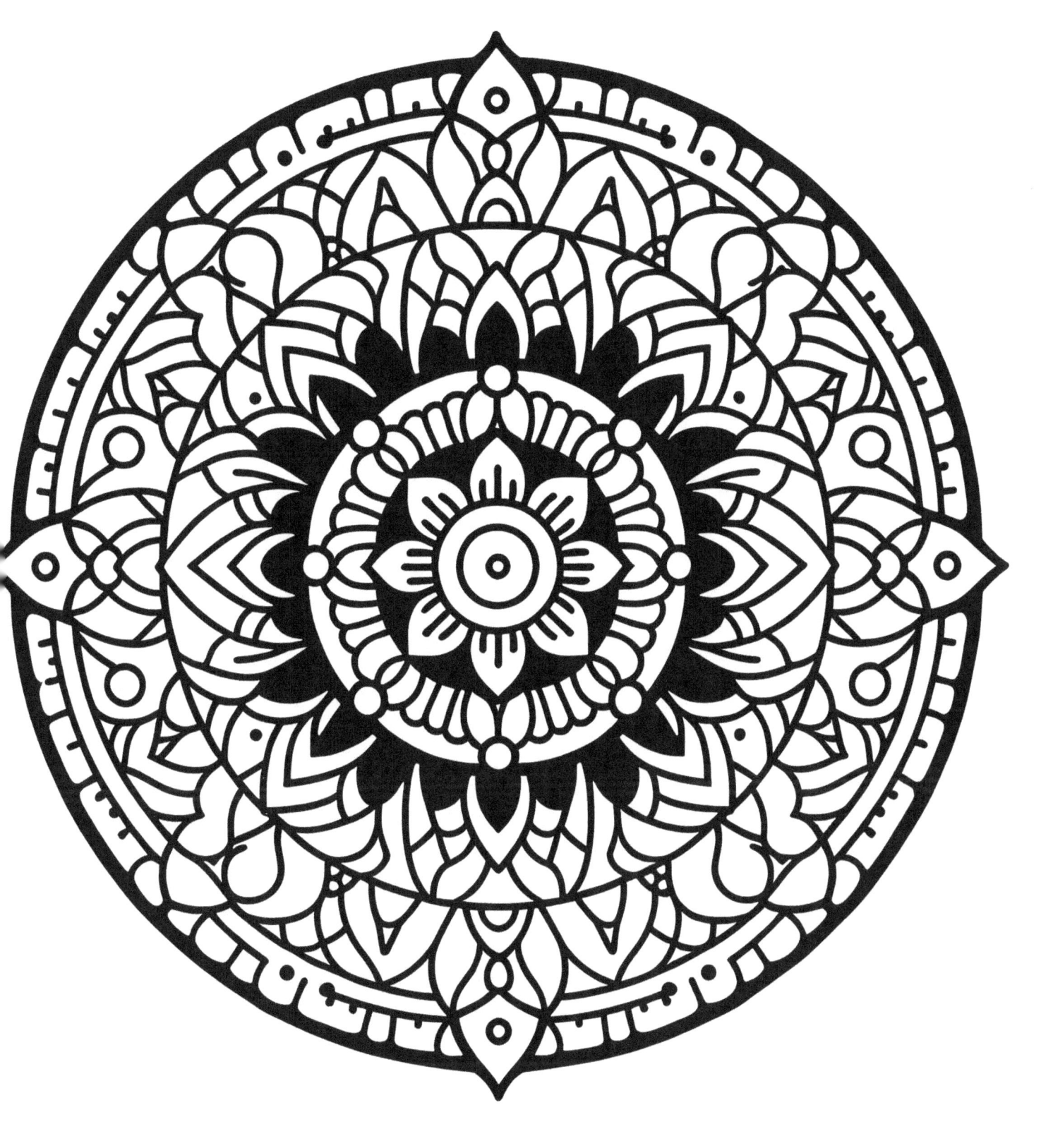

Die Kunst, Mandalas auszumalen, hilft uns, uns zu konzentrieren, den Geist zu beruhigen und uns mit unserem heitersten Wesen zu verbinden.

Jeder Strich eines Mandalas ist eine Einladung zur Meditation, ein Weg zu Frieden und geistiger Klarheit.

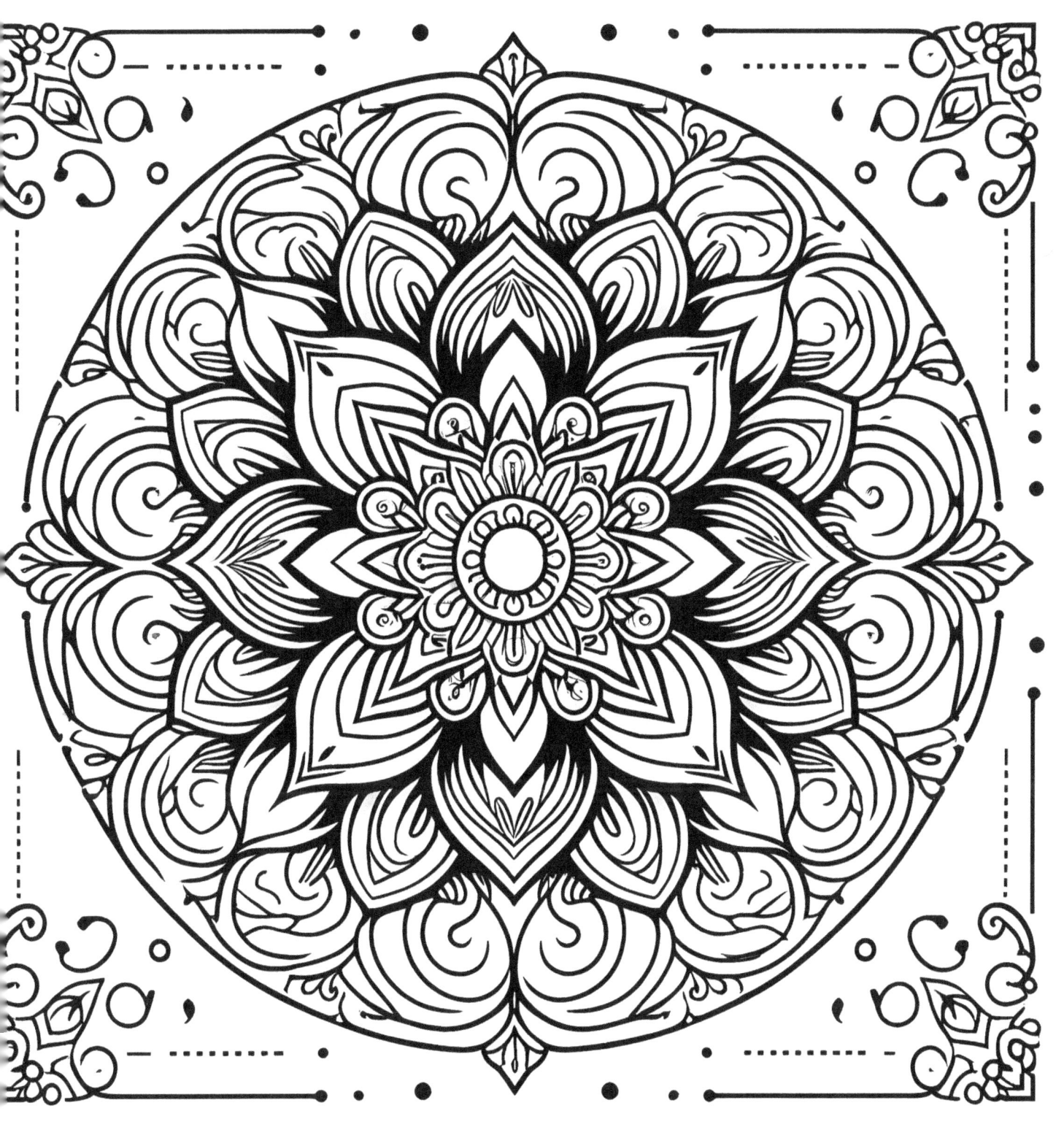

Mandalas lehren uns, in der Wiederholung Gleichgewicht zu finden, in der Beständigkeit Ruhe und in der Regelmäßigkeit Schönheit zu entdecken.

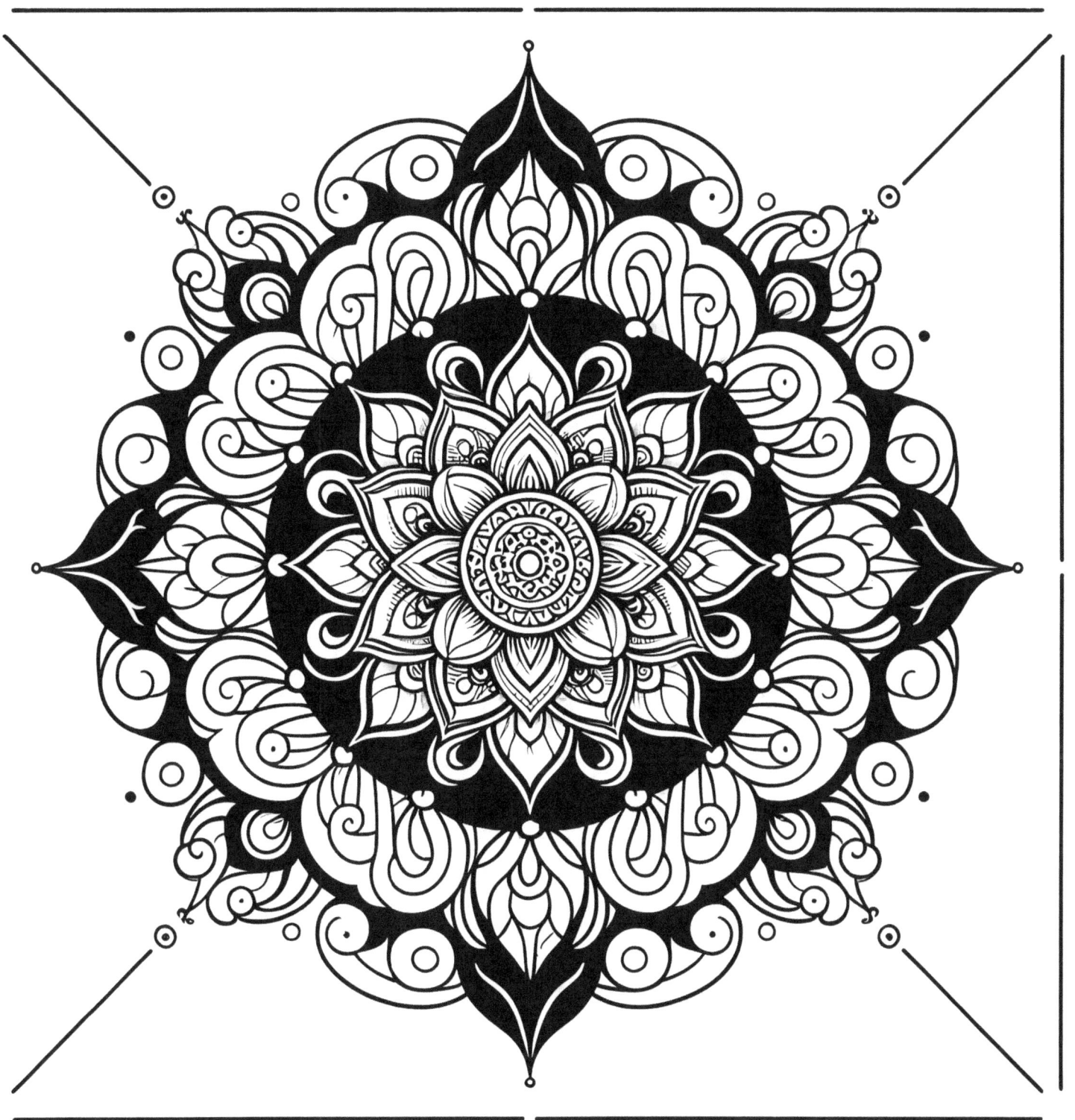

Das Ausmalen von Mandalas ist eine Übung zur Achtsamkeit, eine Möglichkeit, uns in der Gegenwart zu verankern und unsere Anspannungen abzubauen.

Mandalas sind Kreise der Gelassenheit. Jeder einzelne ist eine Gelegenheit, in einen Zustand der Ruhe und Kreativität einzutauchen.

In jedem farbigen Mandala finden wir eine Widerspiegelung unseres inneren Friedens, ein Zeugnis unserer Reise zum Wohlbefinden.

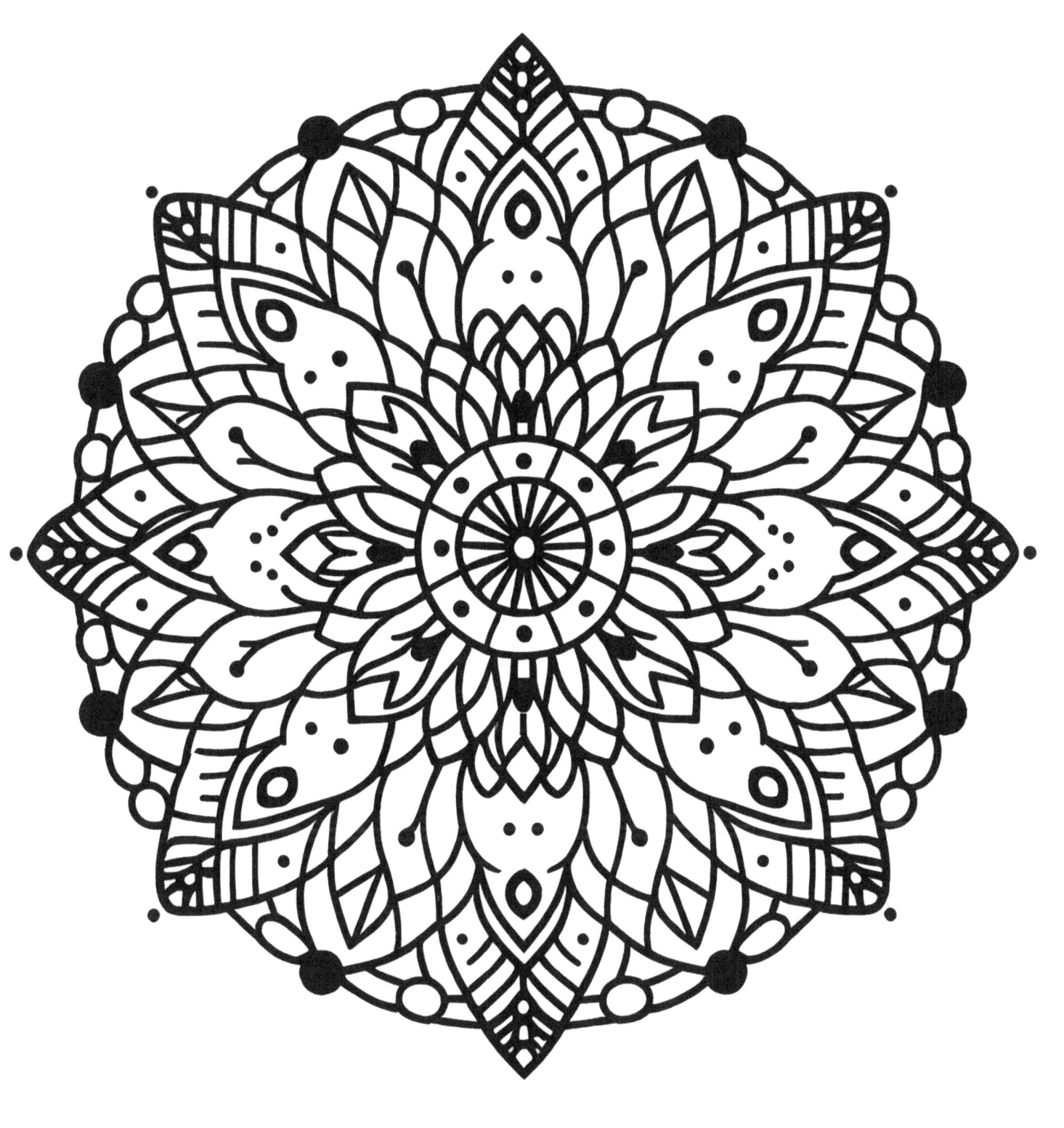

Das Ausmalen von Mandalas ist eine Übung zur Selbstfürsorge, eine Zeit, in der wir uns von der Welt lösen und uns wieder mit unserem Wesen verbinden.

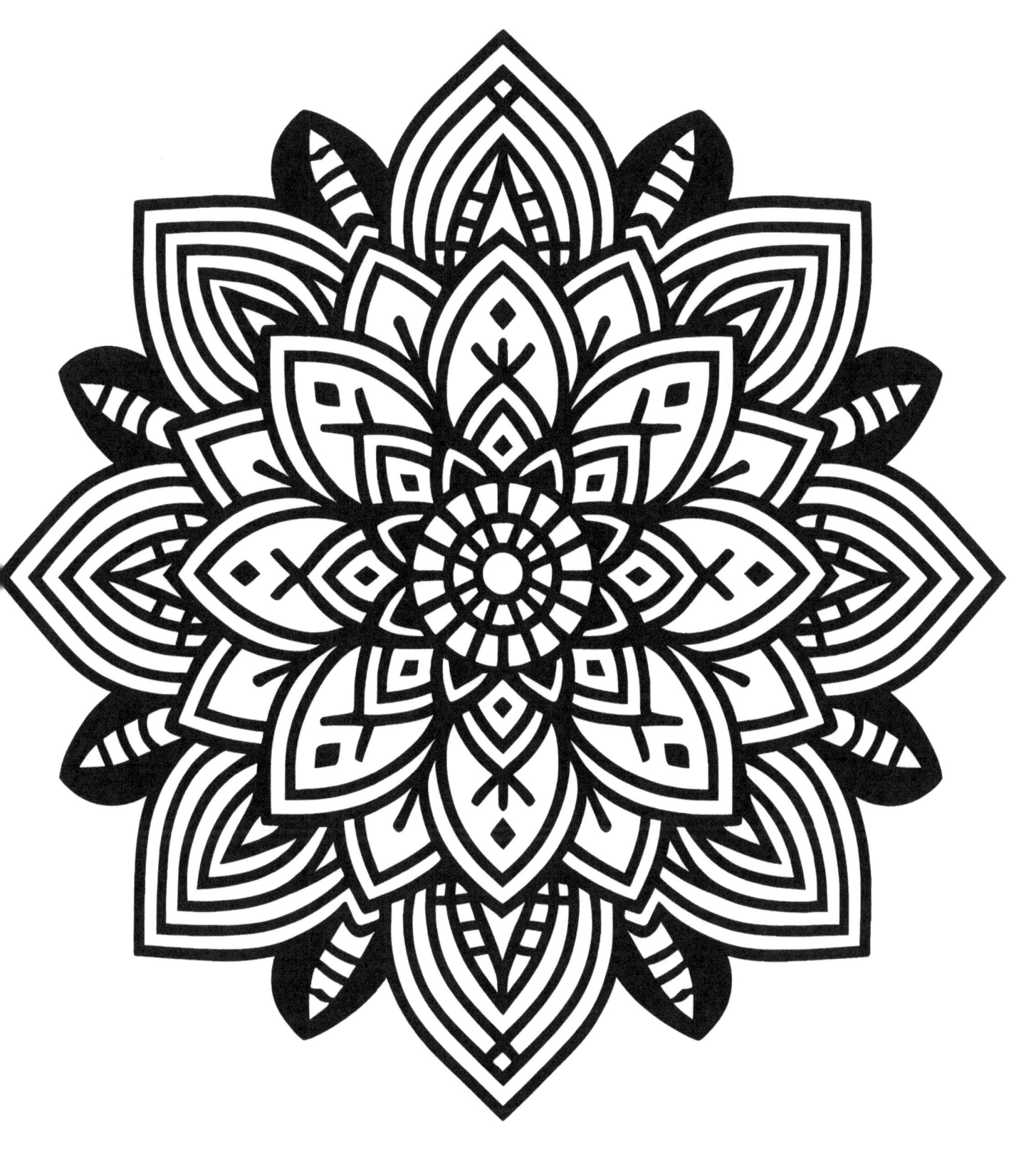

Jedes Mandala ist ein kleines Universum der Harmonie, ein Raum, in dem Farbe und Form zusammenkommen und Ruhe erzeugen.

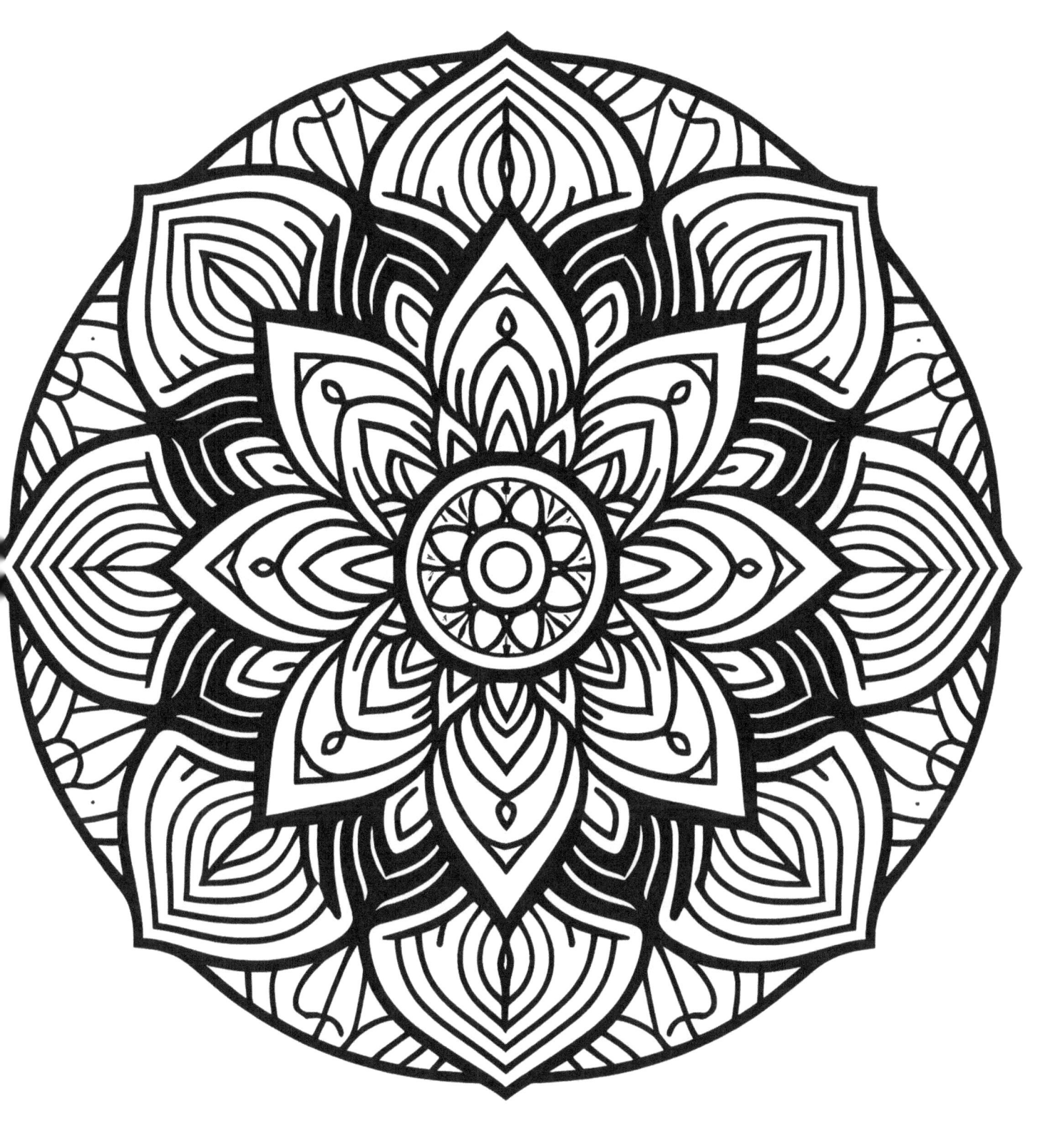

Mandalas ermöglichen es uns, unserer Kreativität ohne Vorurteile nachzugehen und Freude am Prozess und Frieden mit dem Ergebnis zu finden.

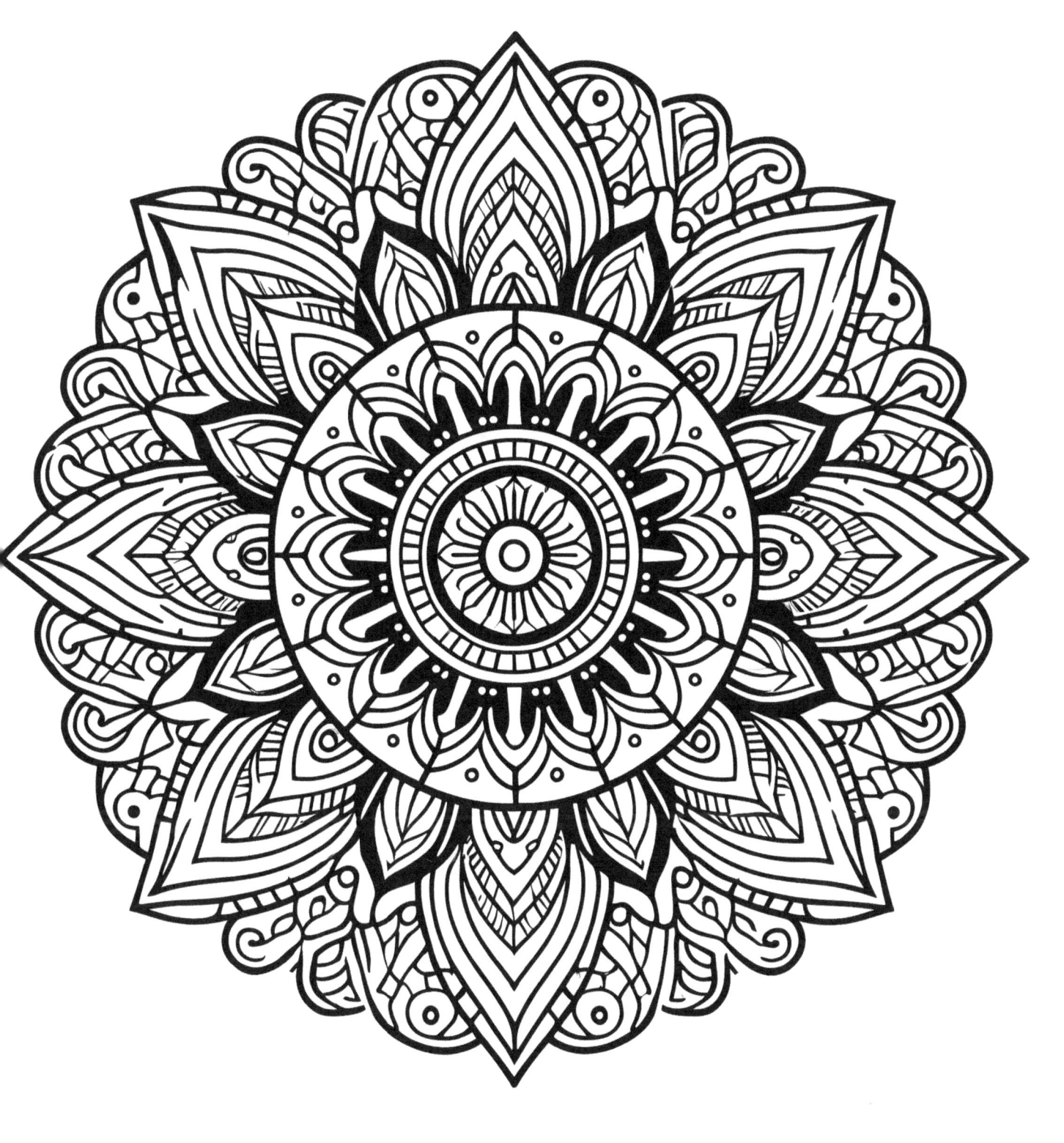

Das Ausmalen von Mandalas ist eine Form der aktiven Meditation, eine Möglichkeit, den Geist zu beruhigen und im Alltag Ausgeglichenheit zu finden.

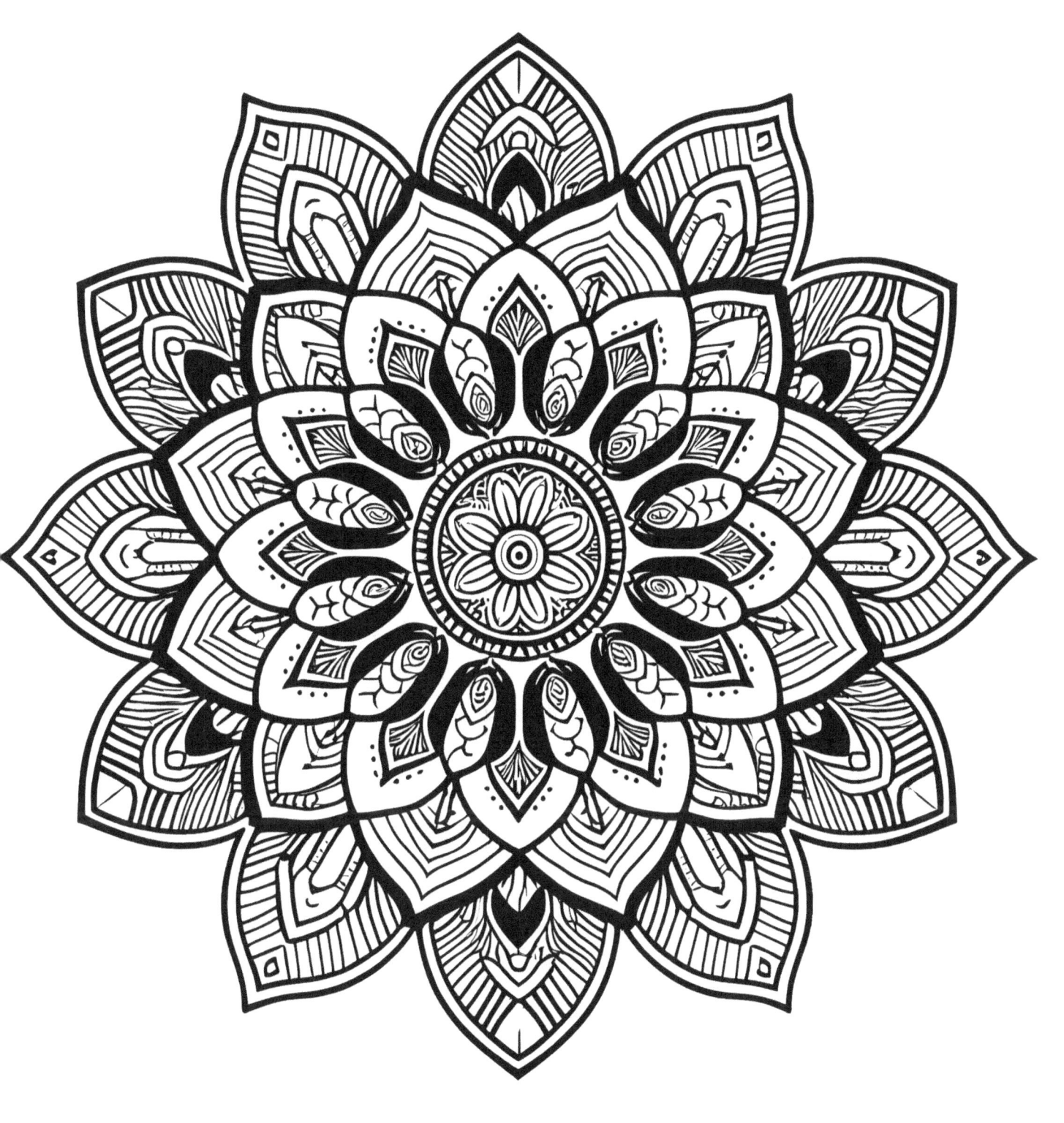

Im Herzen jedes Mandalas liegt ein Zentrum des Friedens, ein Punkt der Stille, der uns einlädt, unsere eigene innere Ruhe zu finden.

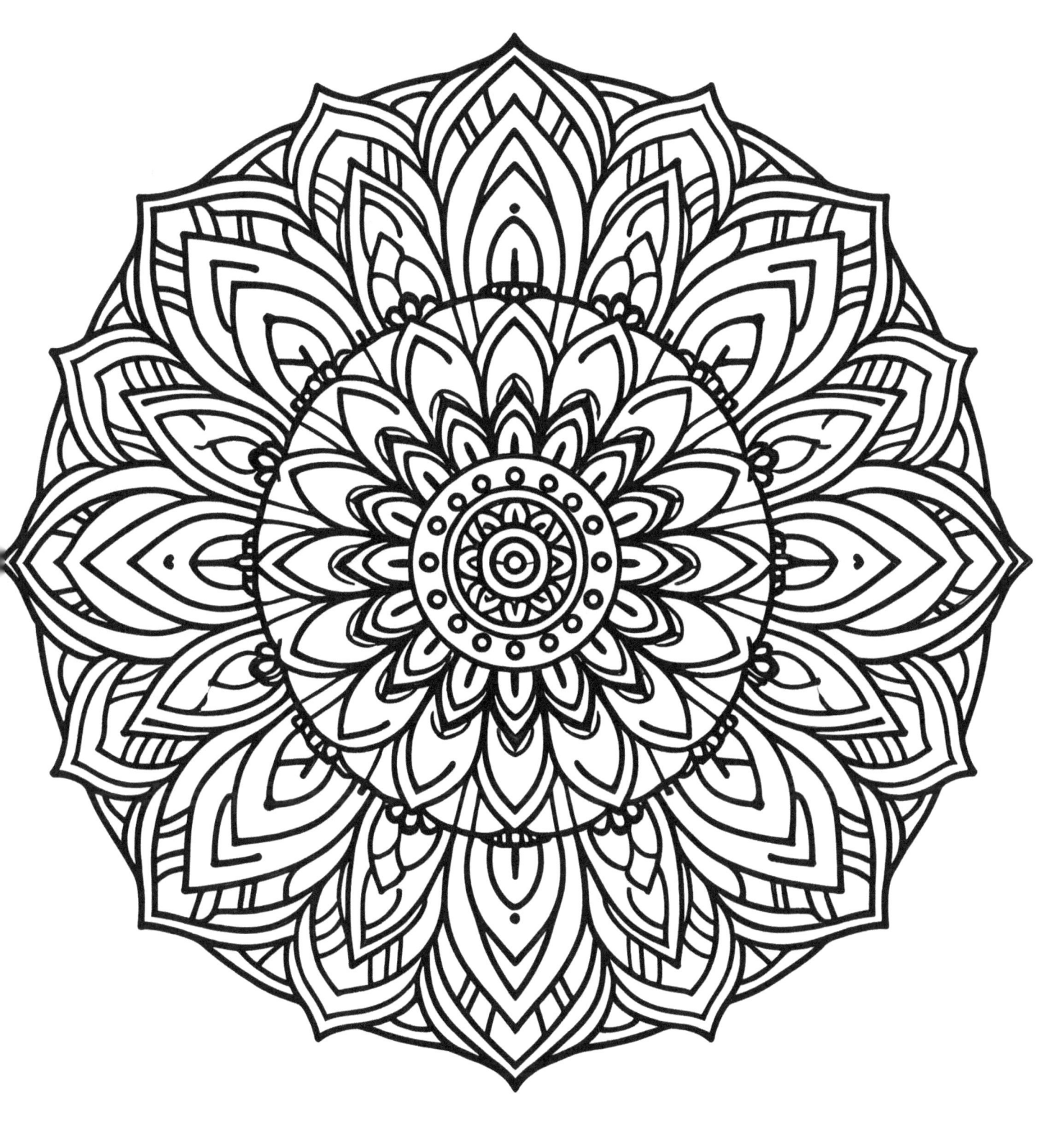

Mandalas sind ein Zufluchtsort für den Geist, ein Ort, an dem wir unsere Sorgen loslassen und Gelassenheit finden können.

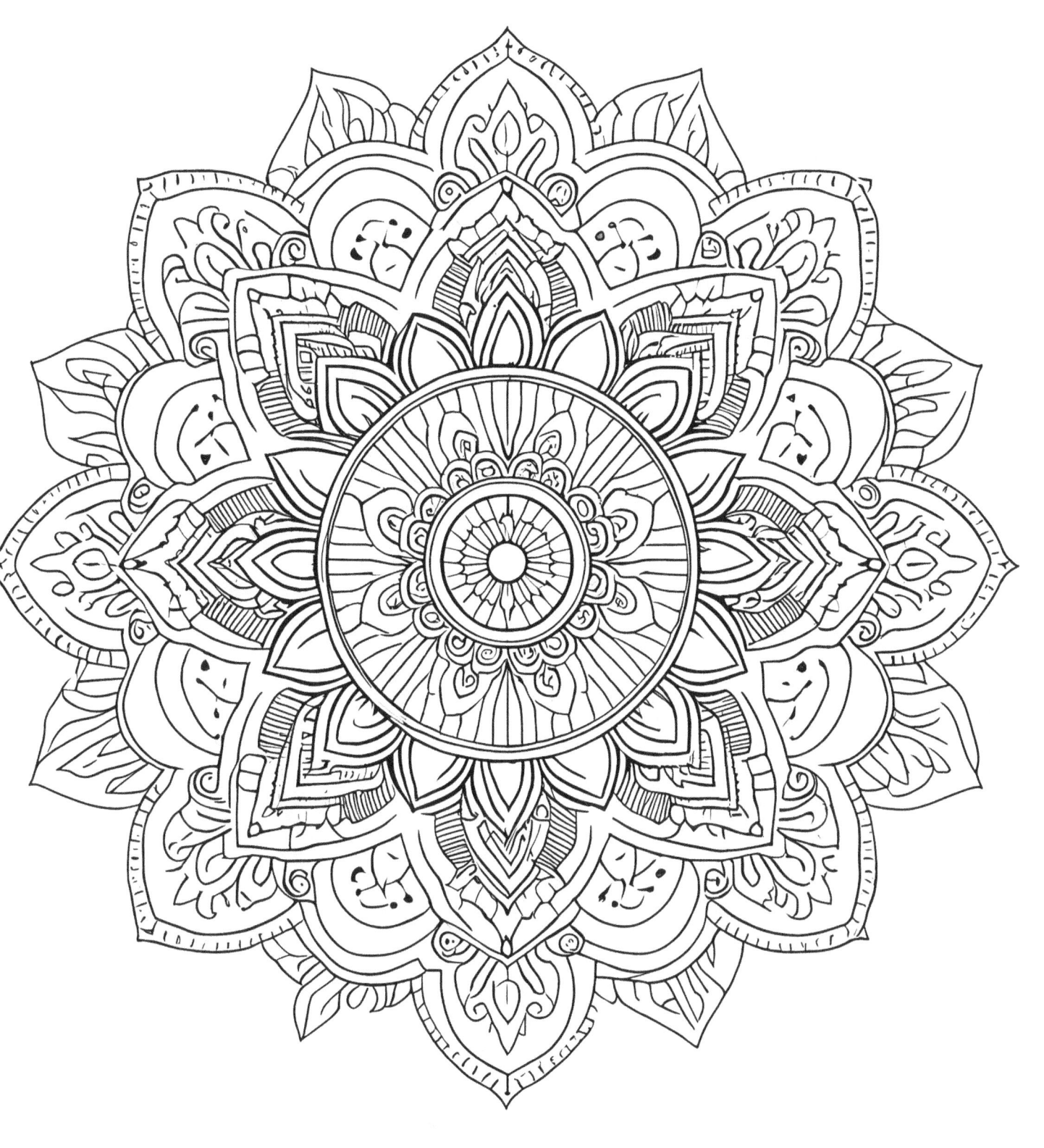

Das Ausmalen von Mandalas lehrt uns, den gegenwärtigen Moment wertzuschätzen, in jedem Detail Schönheit und in jedem Strich Frieden zu finden.

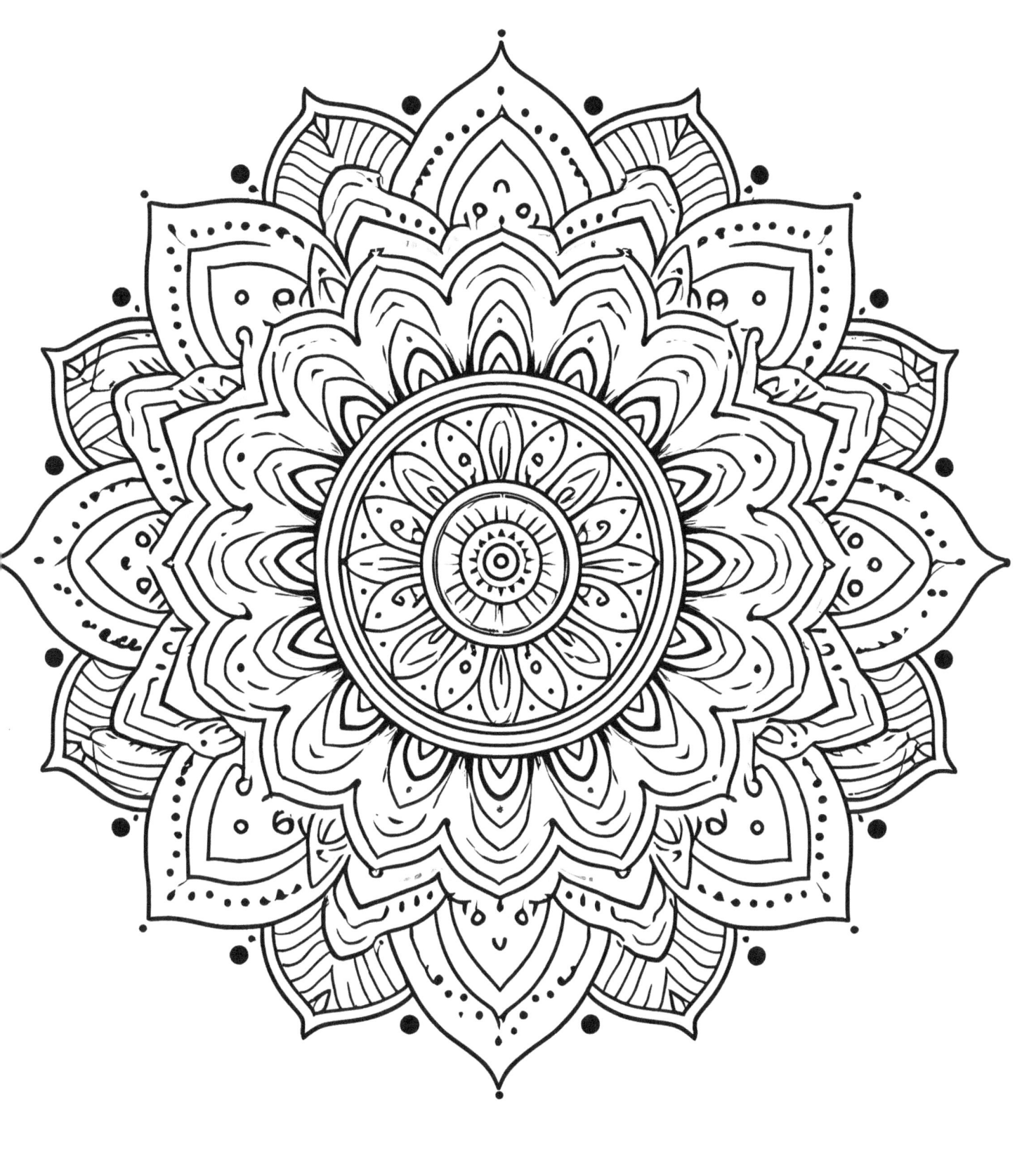

Jedes Mandala erinnert uns an die Zusammenhänge zwischen allen Aspekten unseres Lebens und ist ein Symbol der Einheit und Harmonie.

Das Ausmalen von Mandalas hilft uns, unseren Geist vom Stress zu befreien, uns auf das Hier und Jetzt zu konzentrieren und Freude am Schaffen zu haben.

Mandalas laden uns zu einer Reise der Selbstfindung ein, um unsere Emotionen zu erforschen und in der Kreativität ein Gleichgewicht zu finden.

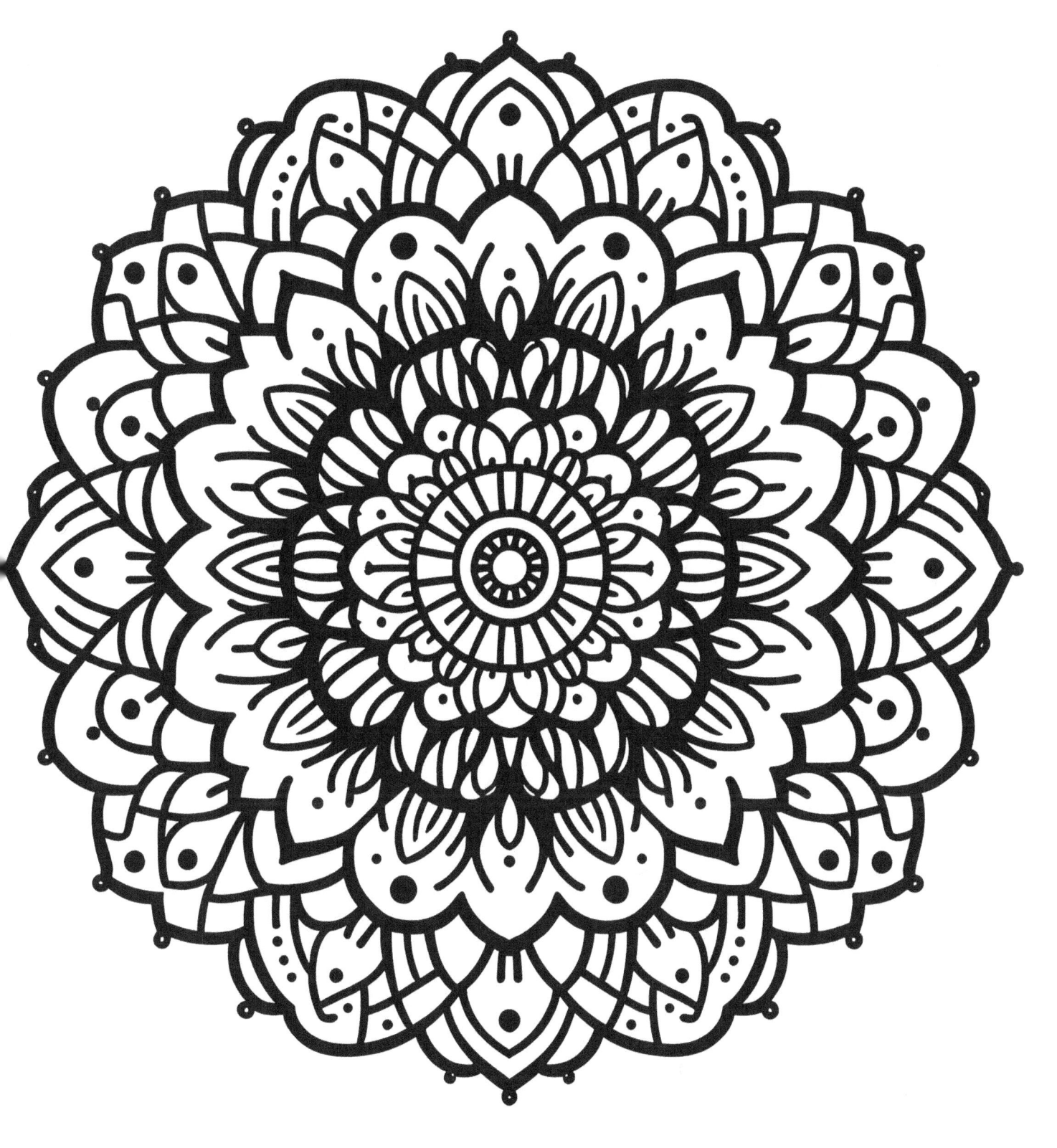

Jedes farbige Mandala ist ein Beweis unserer Fähigkeit, Schönheit zu schaffen und in der Einfachheit Frieden zu finden.

Durch das Ausmalen von Mandalas feiern wir unsere Individualität, bringen unsere Kreativität zum Ausdruck und finden dabei Frieden.

Das Ausmalen von Mandalas ist ein Tanz aus Farben und Formen, ein Prozess, der uns einlädt, den Geist zu entspannen und Harmonie in der Kunst zu finden.

Jedes Mandala ist ein Garten der Ruhe, ein Ort, an dem wir mit jedem Farbstrich Gelassenheit säen und Frieden ernten können.

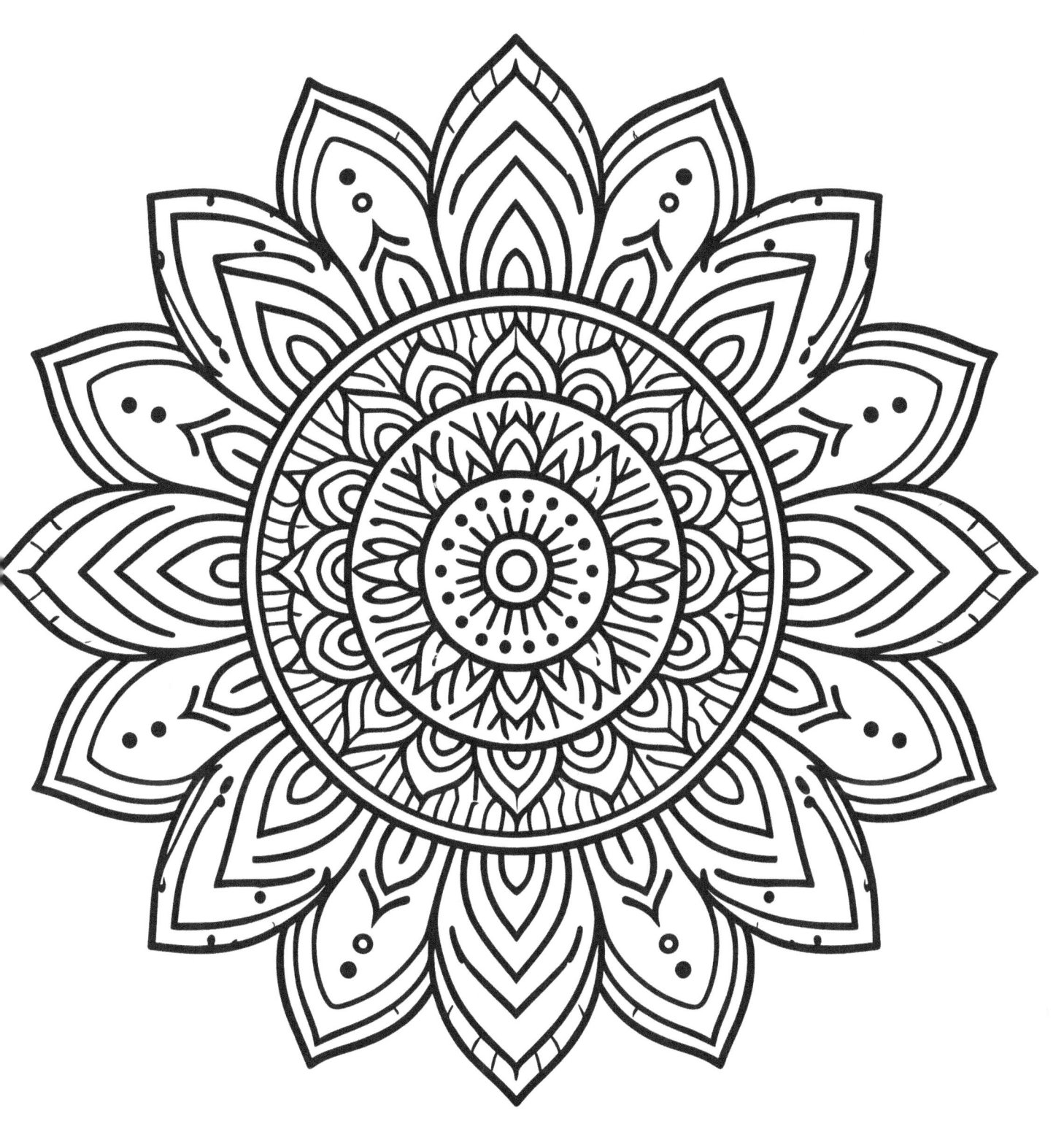

Das Ausmalen von Mandalas ermöglicht es uns, den äußeren Lärm auszublenden, uns auf die Gegenwart zu konzentrieren und die Ruhe zu genießen, die die Kunst ausstrahlt.

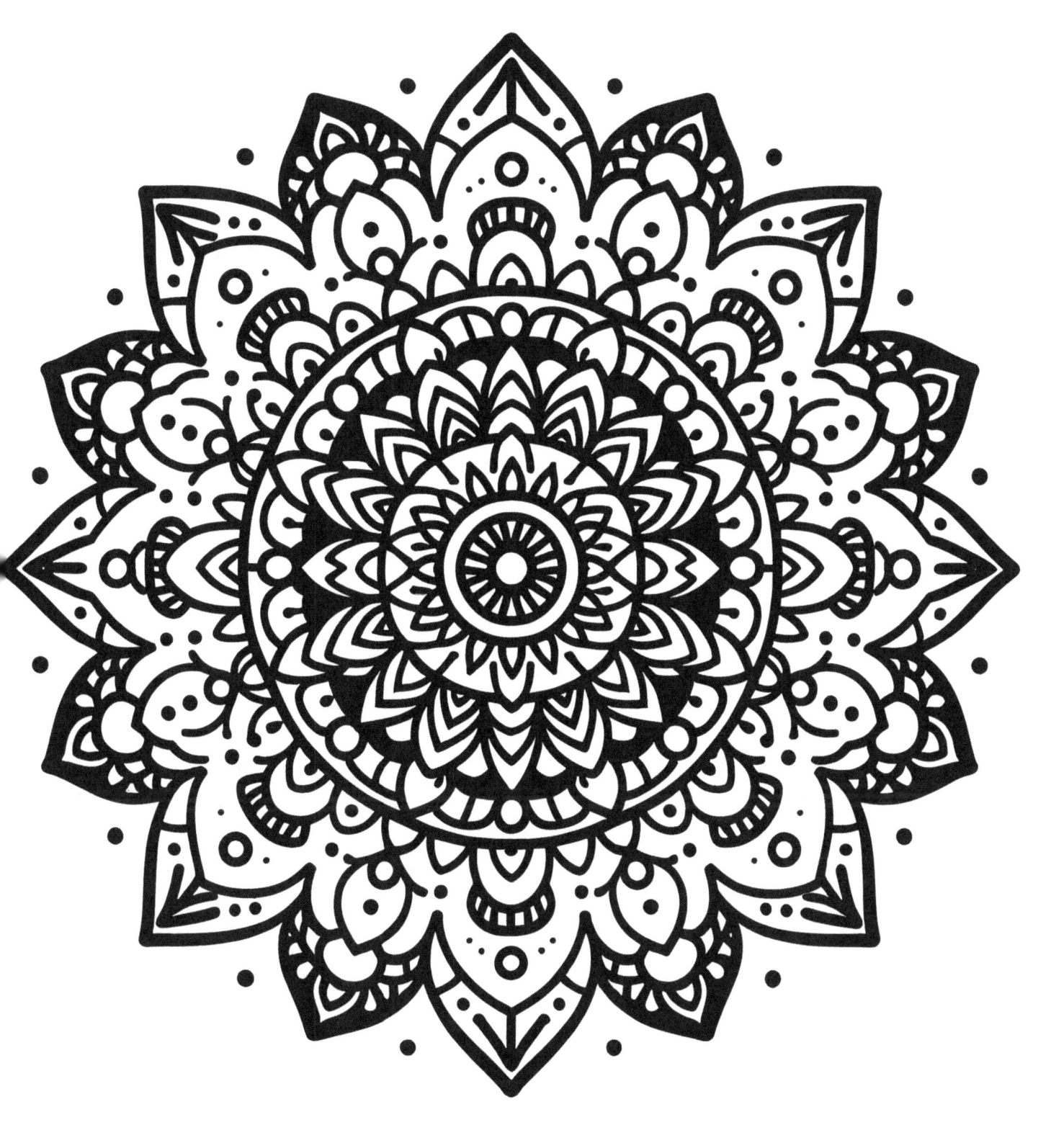

Mandalas sind eine Quelle der Inspiration und Entspannung. jedes Design ist eine Gelegenheit. inneren Frieden und grenzenlose Kreativität zu entdecken.

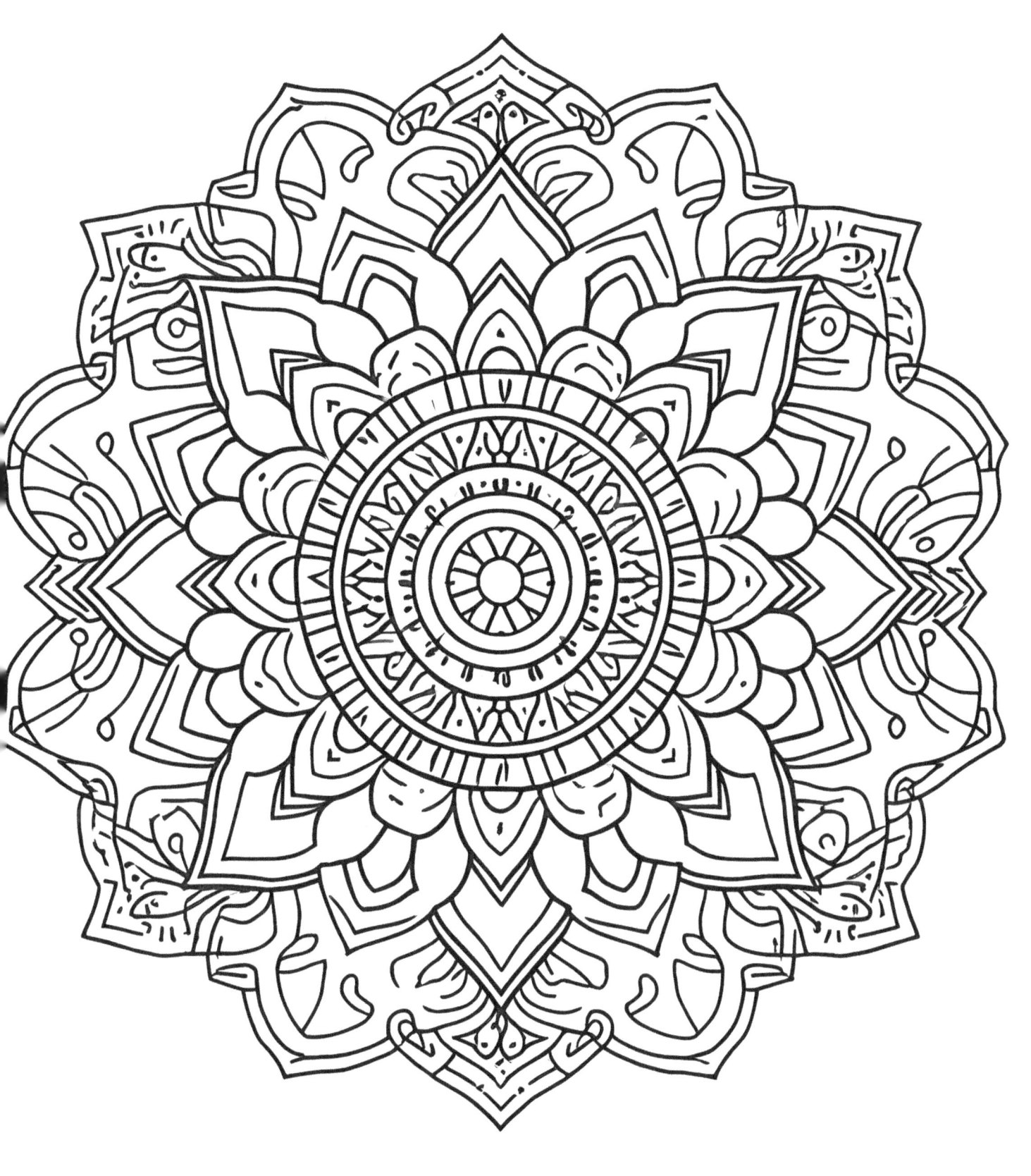

Das Ausmalen von Mandalas ist ein Ritual der Ruhe und Schönheit, eine Übung, die uns hilft, in jedem Moment Ausgeglichenheit und Freude zu finden.

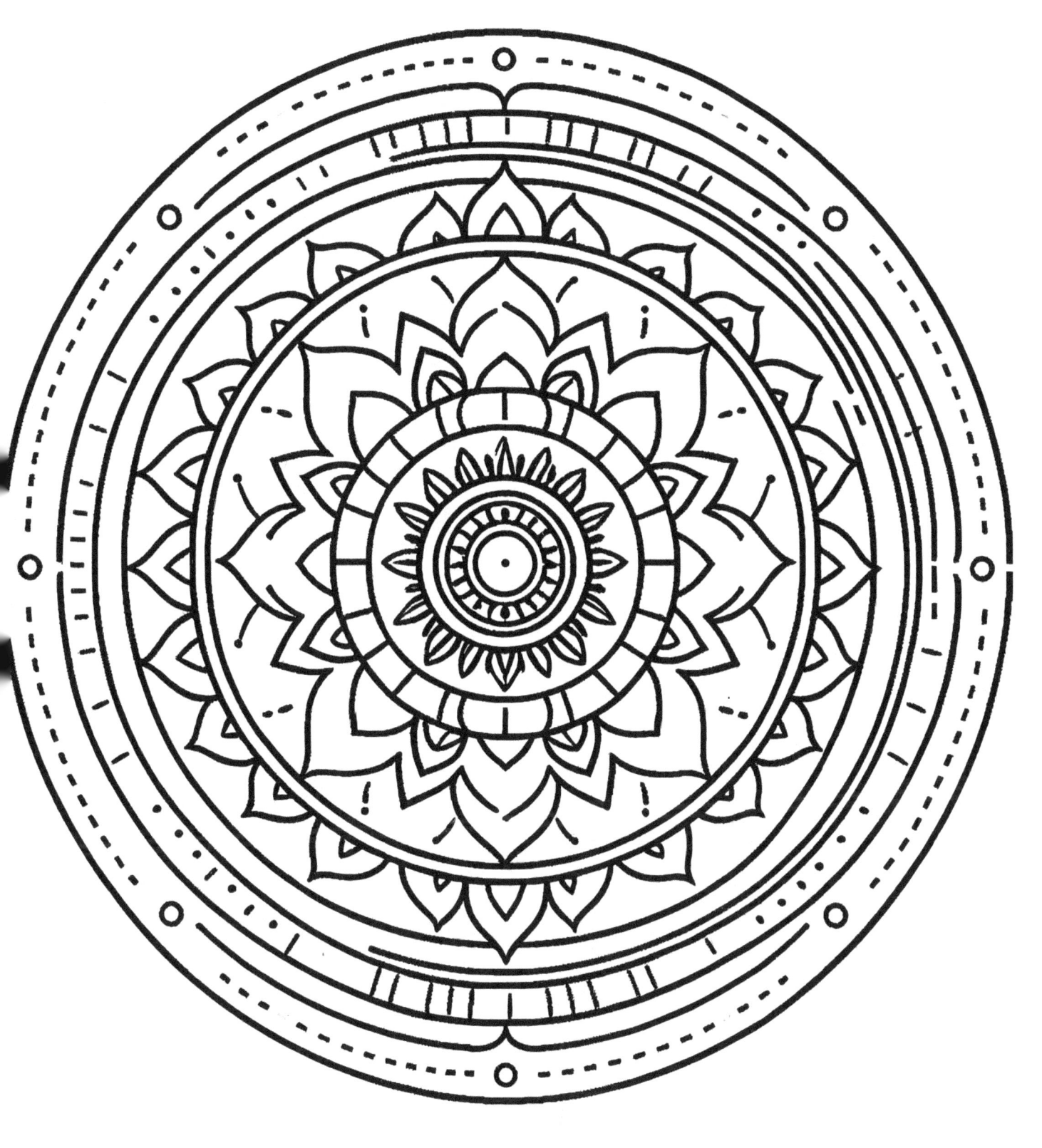

Das Ausmalen von Mandalas ist eine Feier der Ruhe, bei der jede Linie und jede Farbe uns in einen Zustand tiefen Friedens und tiefer Gelassenheit führt.

Herzlichen Glückwunsch zum Abschluss dieser Reise voller Ruhe und Farbe!

Die Mandalas, die Sie mit Ihrer Kreativität ausgefüllt haben, sind nicht nur Zeichnungen; sie sind Spiegelbilder Ihrer inneren Ruhe und Ihrer überschäumenden Fantasie. Jede Linie, die Sie ausgemalt haben, und jede Form, die Sie zum Leben erweckt haben, erstrahlt im Licht Ihrer Ruhe und Ihres Talents. Sie haben einfache Muster in einzigartige Kunstwerke verwandelt, von denen jedes seine eigene Geschichte der Gelassenheit und Schönheit erzählt.

Wenn Sie das Ende dieses Notizbuchs erreichen, feiern Sie den Prozess ebenso wie das Ergebnis. Jedes ausgemalte Mandala ist ein Beweis für Ihre Fähigkeit, Frieden und Freude in der Kreativität zu finden. Möge dieses Notizbuch Sie immer daran erinnern, wie wichtig es ist, sich einen Moment Zeit zu nehmen, um sich zu entspannen und die Kunst des Ausmalens zu genießen.

Möge Ihr Geist weiterhin Ruhe finden und Ihre Hände weiterhin Schönheit erschaffen. Das Fertigstellen dieser Mandalas ist nur der Anfang vieler weiterer Möglichkeiten zur kreativen Erkundung, die auf Sie warten. Denken Sie daran, dass die wahre Essenz eines Mandalas nicht nur in seinen Formen liegt, sondern auch in der Ruhe und Meditation, die Sie beim Ausmalen finden.

Füllen Sie die Welt weiterhin mit Farben und hören Sie nie auf, in jedem Moment Schönheit zu finden!

www.ingramcontent.com/pod-product-compliance
Lightning Source LLC
Chambersburg PA
CBHW082213220526
45470CB00010B/3150